Robert Slawski
Braunschweiger
Fachwerk Blicke in das
16. Jahrhundert
Ein Stadtrundgang

Für Rat und Unterstützung bedanke ich mich bei
Frau Doris Kreklau-Giemulla und Herrn Karsten Kablitz.

Viele andere Braunschweiger, unter ihnen die Teilnehmer meiner Kurse
an der Volkshochschule, haben zur Realisierung beigetragen.

ISBN 3-920740-05-X

Inhalt

Einführung

Braunschweig - eine Fachwerkstadt?
Aus heutiger Sicht und bei oberflächlicher Betrachtung
wird dies wohl jeder verneinen. Doch alte Photographien
zeigen, daß enge winklige Gassen und immer wieder
Fachwerkhäuser das Bild der Stadt vor der Kriegszerstö-
rung prägten. Ihre Anzahl wurde vom wohl besten Kenner
dieser Bauten, dem verstorbenen Rudolf Fricke, auf etwa
zweitausend geschätzt.
Und dennoch! Von der Blütezeit der Fachwerkkunst, die
vom ausgehenden 15. bis in die zweite Hälfte des 17.
Jahrhunderts reichte, zeugen auch heute noch etwa
siebzig Häuser, darunter etliche, auf die Braunschweig
wirklich stolz sein kann. Und man sollte sich vom ersten
Eindruck, den manch geschlossenes historisches Stadtbild
hervorruft, nicht blenden lassen: In Wolfenbüttel beispielsweise, ebenso in vielen anderen Städten, wird man
mittelalterliches Fachwerk vergeblich suchen - Braunschweig besitzt noch etwa fünfzehn Bauten aus den drei
Jahrzehnten vor 1500. Und die Fassade des Huneborstelschen Hauses, heute am Burgplatz zu bewundern, fehlt in
keiner wichtigen Veröffentlichung zur deutschen Fachwerkkunst.
Dieser Führer will den Blick auf die kleinen und großen
Schätze Braunschweigs lenken und eine auch dem Laien
verständliche Einführung in das Thema Fachwerk - Konstruktion und Schmuckmotive - bieten.
Ein weiteres Augenmerk gilt der Nutzung dieser Bauten,
deren größte Zahl dem 16. Jahrhundert entstammt. Sie
wurden ja bewohnt; Hausrat stand darin, in ihnen wurde
gearbeitet, Waren mußten gelagert werden. Einiges
erschließt sich bereits beim Betrachten, anderes muß aus
schriftlichen Quellen ergänzt werden, um Blicke in die
Vergangenheit zu ermöglichen, die uns, gleichsam wie in
einem Lichtkegel, einen Ausschnitt aus dem Leben mit
und in diesen Häusern zeigen.

Die Ansicht der Stadt in der Mitte des 16. Jahrhunderts

Der auf den folgenden Seiten abgebildete Holzschnitt zeigt uns die Stadt etwa so, wie sie sich einem herannahenden Wanderer zu jener Zeit darbot: das berühmte Braunschweig, breit hingelagert hinter starken Mauern, mit zahlreichen Kirchtürmen, eingebettet in eine Gartenlandschaft.

Die gezeichnete Vorlage für diese älteste Gesamtansicht entstand etwa zwei Jahre vor der Veröffentlichung des Holzschnittes 1547. In diesem Jahr hätten wir nämlich schon ein weithin verwüstetes Gelände durchschritten: Das Stift St. Cyriaci lag in Trümmern, das Kreuzkloster, das Hospital St. Thomae und die Heiliggeistkapelle, alle im westlichen Vorfeld der Stadt, waren ebenfalls zerstört. Kriegshandlungen?
Nein, vorbeugende Maßnahmen des Rates für den Fall eines Angriffs, der durch Herzog Heinrich den Jüngeren drohte. Man nahm so den erwarteten Belagerern eine feste Stellung und verschaffte der städtischen Artillerie freies Schußfeld.

Auch die Ansiedlungen vor den Toren, die Vorstädte, wurden in solchen Fällen niedergelegt. Ihre Bewohner besaßen kein Bürgerrecht, sie bildeten einen Teil der städtischen Unterschicht. Zwei dieser Vorstädte sind noch auf dem Holzschnitt erfaßt: in der Mitte die Siedlung vor dem Hohen Tor, das den Weg über die Sonnenstraße zum Altstadtmarkt öffnete, und weiter links die Rennelbergvorstadt vor dem Petritor. Kleine Häuser, Hütten, reihten sich hier aneinander. Die weitaus größten Flächen im Vorland wurden jedoch von Gärten und Äckern eingenommen.

Ganz links im Bild ragt unübersehbar aus dem Dächermeer das Turmwerk der Neustädter Pfarrkirche St. Andreas hervor und enthüllt bei kritischer Betrachtung die kleinen "Tricks" des Zeichners. Denn das Turmwerk ist in Breite und Höhe übersteigert dargestellt, wie ein Vergleich mit dem nicht gerade kleinen Westwerk von St. Martini zeigt. Obwohl der Südturm mit seinen damals 122 Metern zu den höchsten in Deutschland gehörte, wurde er

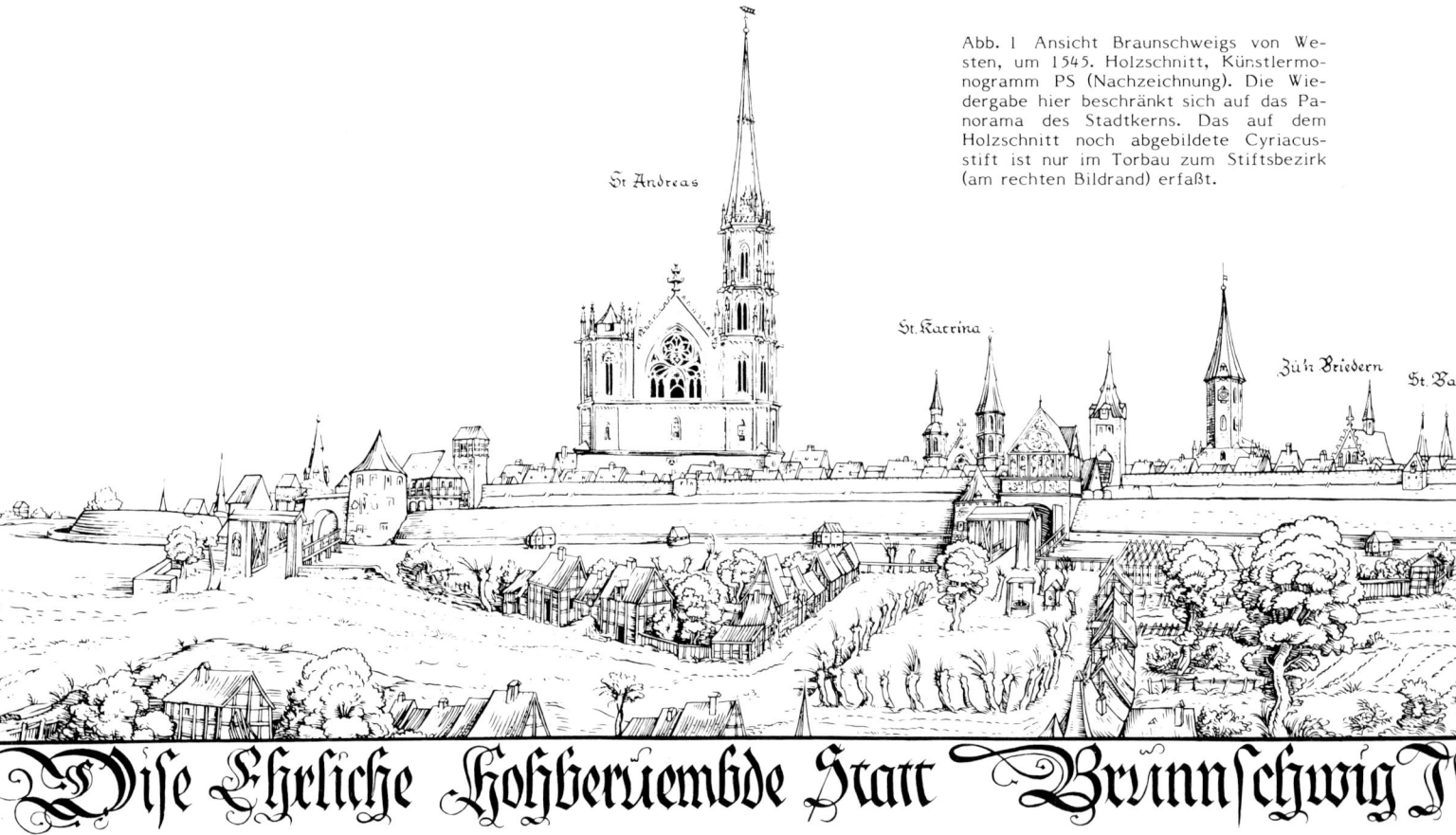

Abb. 1 Ansicht Braunschweigs von Westen, um 1545. Holzschnitt, Künstlermonogramm PS (Nachzeichnung). Die Wiedergabe hier beschränkt sich auf das Panorama des Stadtkerns. Das auf dem Holzschnitt noch abgebildete Cyriacusstift ist nur im Torbau zum Stiftsbezirk (am rechten Bildrand) erfaßt.

als Symbol für Braunschweigs Stärke und Selbstbewußtsein noch "verdeutlicht". Für Feinde der Stadt war dieser Turm natürlich ein Angriffsziel ersten Ranges, beispielsweise bei der Belagerung von 1550 - ihn durch Beschuß niederzulegen gelang allerdings nicht.

Auch anderswo ist der Zeichner von der historischen Realität abgewichen. So erscheinen die Torbauten im Wall, zwischen den beiden Wassergräben, außerordentlich groß. Im äußersten Norden und Süden ist die Lagedarstellung gleichsam gedehnt worden. Wenn der erste Kunstgriff die Wehrhaftigkeit betonen soll, so dient der zweite der Anschaulichkeit. Denn neben der Genauigkeit, die oft auch in einzelnen Details erstaunlich ist, mußte die Stadtansicht eine ästhetische Qualität besitzen. Schließlich wurde der Riesenholzschnitt weithin vertrieben, die Käufer erwarben ihn als Wand- oder Deckenschmuck. Immerhin war Braunschweig damals eine der größten deutschen Städte, in der über sechzehntausend Menschen lebten.

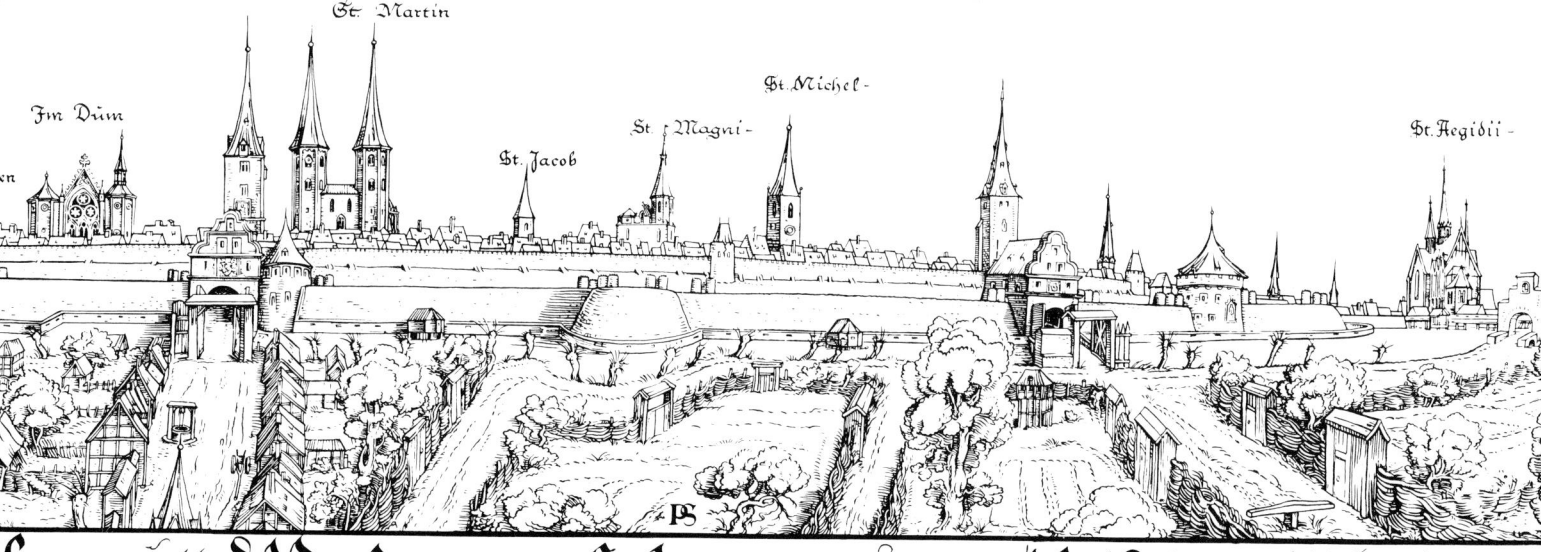

Zu unserem eigentlichen Thema, den Fachwerkbauten, führt ein Detail, das vor dem Petritor festgehalten ist. An einer von Kopfweiden umstandenen Fläche sehen wir eine Häuserzeile, an deren Ende das Gerüst eines Hauses zu erkennen ist. Da Anzeichen von Verfall oder bewußter Zerstörung nicht zu entdecken sind, kann es sich nur um einen Rohbau handeln. Das passend zugearbeitete Balkenwerk ist gerade aufgerichtet worden, die einzelnen Fächer sind noch nicht geschlossen und dem Dachstuhl fehlt noch die schützende Dachhaut.

Abb. 2 Das Gerüst eines Fachwerkhauses. Ausschnitt aus Abb. 1.

Stadtrundgang

**Ausgangspunkt –
1. Standort:
Magnikirchplatz**

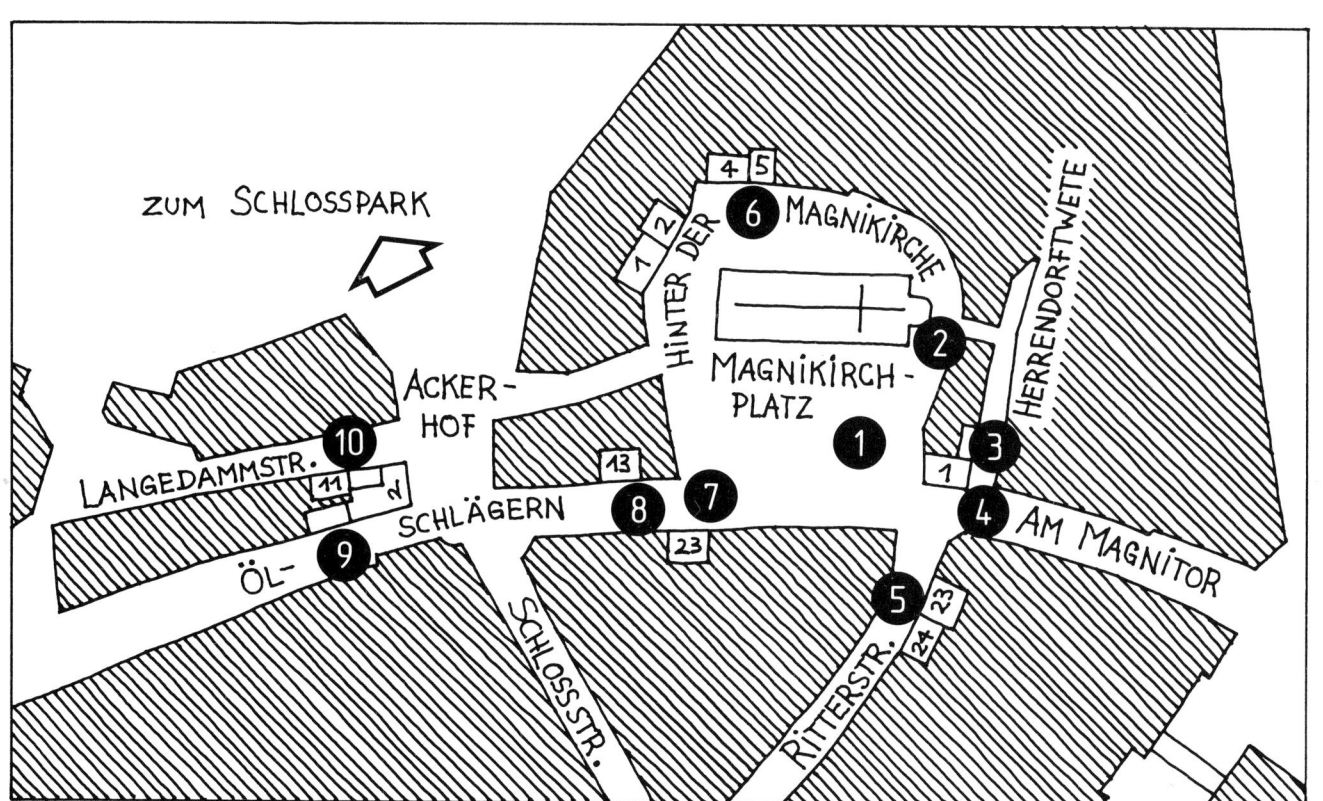

Die Fachwerkkonstruktion

Der Ausdruck Fachwerk meint nicht einfach Bauten, an denen schön verzierte Balken zu entdecken sind, sondern er bezeichnet eine spezielle Art der Konstruktion, nämlich eine Holzskelettkonstruktion. Diese bildet das gesamte Gerüst des Hauses und trägt auch den Dachstuhl. Die Zwischenräume zwischen den wandbildenden Hölzern heißen Fächer und wurden erst nach Aufrichtung des Hausgerüstes ausgefüllt.

In Braunschweig haben wir es mit einer ganz typischen Konstruktion zu tun, die - von einigen Sonderfällen abgesehen - dem Aufbau aller traditionellen Fachwerkhäuser zugrunde liegt. Sie soll am Beispiel des Gebäudes, vor dem wir stehen, kurz erläutert werden, wobei die wichtigsten Fachausdrücke, die die weitere Verständigung ungemein erleichtern, vorgestellt werden.

**2. Standort:
am Chor der Magnikirche
mit Blick auf die den
Kirchplatz abschließende
Fachwerkzeile**

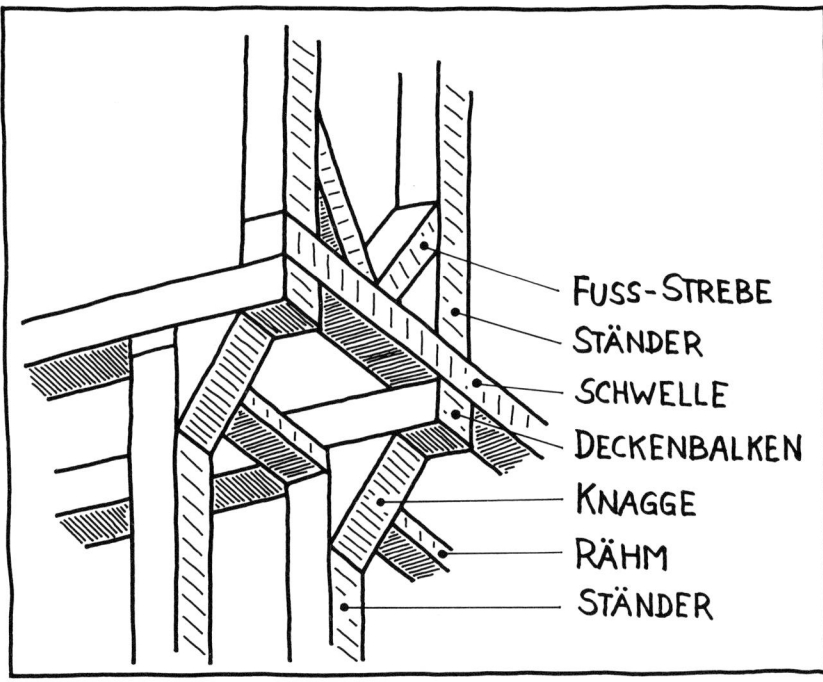

FUSS-STREBE
STÄNDER
SCHWELLE
DECKENBALKEN
KNAGGE
RÄHM
STÄNDER

Abb. 3 Die wichtigsten Bauteile im Braunschweiger Fachwerk und ihre Benennungen.

Auf der steinernen Sockelmauer an der Front liegt als waagerechtes Holz die (Grund-) Schwelle, darauf stehen in regelmäßigem Abstand die Wandständer, die wiederum an ihrem oberen Ende durch das Rahmenholz, auch Rähm genannt, zusammengefaßt werden. Der Rähm ist allerdings nur halb so stark wie die Schwelle, er ist hier oberhalb der Fenster oder mit seiner Stirn an der Giebelseite zu erkennen. Am Giebel sehen wir einen Deckenbalken von seiner Längsseite, der, auf Ständer und Rähm aufliegend, an der Front ein Stück übersteht und dadurch den Überhang bildet, die Vorkragung des oberen Stockwerkes. Von den übrigen Deckenbalken ist jeweils nur das überstehende Ende und die Stirnseite, der Balkenkopf, an der Front zu sehen. Gestützt wird der Überhang durch kurze Streben, die Knaggen. Auf den Deckenbalken liegt wieder eine Schwelle, die hier mit einem kettenähnlichen Motiv verziert ist. Darüber wiederholt sich der Wandaufbau wie im unteren Geschoß.

Im Gegensatz zum "fränkischen Fachwerk" mit seinen langen Querstreben, die dort auch zu Mustern gesetzt wurden, sind hier schräge Hölzer nur sehr sparsam verwendet worden. Außer den erwähnten Knaggen stützt eine dekorative Reihung kurzer Streben die oberen Wandständer. Im allgemeinen Sinne werden sie als Fußstreben bezeichnet; füllen sie den Raum zwischen Ständer und Schwelle, heißen sie Winkelhölzer. Sonst sind nur wenige kurze Streben und diese auch nur im Bereich der Eckbildungen zu erkennen. Die Ansicht des Hauses wird durch waagerechte und senkrechte Linien bestimmt!

Hingewiesen sei noch auf die Tatsache, daß die Braunschweiger Fachwerkbauten mit der Dachtraufe, der unteren waagerechten Begrenzung der Dachfläche, zur Hauptstraße stehen. Der Giebel, sollte er einmal frei zu stehen kommen, wurde immer der unwichtigeren Straße zugeordnet. Eine ganz andere Ausrichtung ist vom Niederdeutschen Hallenhaus als Bautypus der nördlich gelegenen Dörfer bekannt. Eine giebelständige Bautradition entwickelte sich aber auch in vielen Städten, wie zum Beispiel in Celle.

Dieser unscheinbare Stallspeicher gehört zu den ältesten erhaltenen Holzgebäuden Braunschweigs. Er entstand möglicherweise 1474, wahrscheinlicher aber in den Jahren um 1485. Um diese Frage zu prüfen, wurde eine dendrochronologische Untersuchung durchgeführt, für die Bohrkerne entnommen werden, um die wechselnden Jahresringbreiten des Eichenholzes zu bestimmen. Über Vergleichskurven kann das Fällungsjahr angegeben werden, allerdings nur, wenn bestimmte Voraussetzungen erfüllt sind, was hier bisher nicht der Fall war. Vielleicht bringt die beabsichtigte Sanierung weitere Hinweise.

Unterhalb des Dachansatzes ist ein interessantes Detail zu entdecken, das nur an den ältesten Bauten festzustellen ist. Dort stoßen aus einer Aussparung in den Ständern die um zweidrittel abgearbeiteten Enden der Deckenbalken hervor, die dann mit einem Holzpflock gesichert sind. Diese bis etwa 1500 angewendete Bauweise heißt Ankerbalkenkonstruktion. Ihr großer Nachteil ist die Schwächung des Deckenbalkens im Zapfen und die

**Weg:
durch den kurzen Gang
in die Herrendorftwete
auf die andere Seite
des Anwesens**

**3. Standort:
vor dem kleinen
Fachwerkgebäude links
neben dem Hoftor
(zu Am Magnitor 1)**

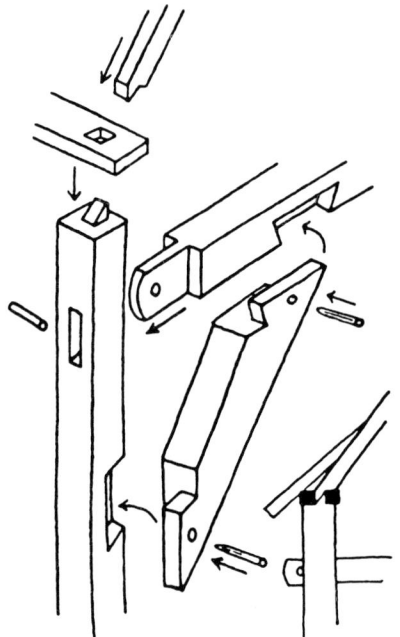

Abb. 4 Bestandteile einer Ankerbalkenkonstruktion. Hausecke, an der Dachbasis. Nach dem Zusammenfügen liegt außen sichtbar das Zapfenschloß mit Zapfenohr und Ankerpflock.

geringe Sicherung, die bei höherer Belastung im Dachraum zu Schäden führt. Die Lösung des Problems ergab sich durch die Anwendung der Überhangkonstruktion auch in der Traufzone - man hatte sie über dem Erdgeschoß erprobt.

Der Überhang ist hier sehr deutlich ausgeprägt, im allgemeinen beträgt er an älteren Bauten fünfzig bis sechzig Zentimeter. Meist werden folgende Gründe für die weiten Überstände genannt: Raumgewinn, Schutz der unteren Hauswand vor Regen und Erleichterung beim Hinaufziehen von Lasten. Dies sind zwar alles Vorteile, doch die entscheidende Begründung ist damit noch nicht gegeben. Sie besteht in der Sicherung des Gebäudes gegen ein Verschieben durch die eingebauten Knaggen und in der Entlastungswirkung auf die Deckenbalken. Diese Entlastungswirkung muß man sich ähnlich einer Wippe vorstellen, Abbildung 5 versucht das Prinzip zu verdeutlichen. Die Überhangkonstruktion ermöglichte also bei gleicher Balkenstärke wesentlich größere Spannweiten.

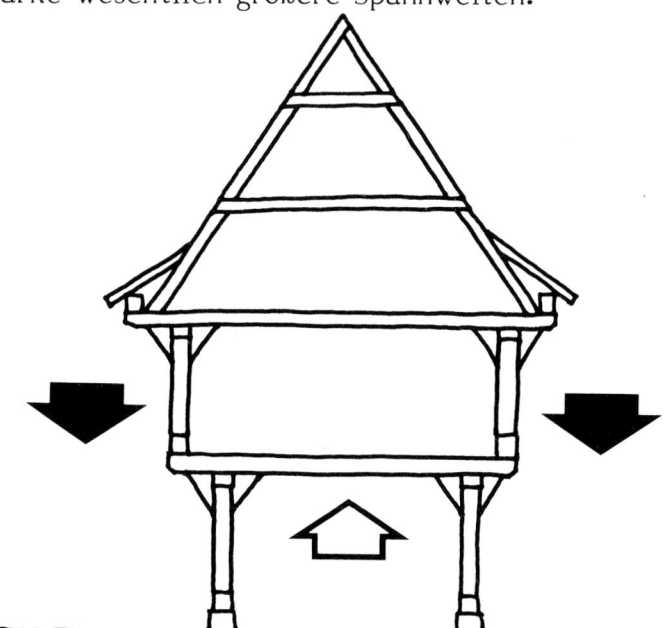

Abb. 5 Gefügeschema. Günstige Lastverteilung durch den Überhang. Verbesserte Konstruktion mit Überhangausführung auch an der Dachbasis.

Ein Hinweis auf Herstellungstechnik und Bauvorgang ist in Brusthöhe auf den Ständern zu entdecken. Dort sind Dreieckskerben in fortlaufender Zahl bis zu sechs Markierungen in die Ständer eingeschlagen. Die einzelnen Bauteile wurden auf Werkplätzen, meist vor den Stadttoren gelegen, hergestellt und genau zugepaßt. Jedes Stück ist Handarbeit und keine Holzverbindung der anderen völlig gleich! Um Verwechslungen beim Transport zur Baustelle auszuschalten, wurden die Hölzer gekennzeichnet. Am endgültigen Standort ging die Aufstellung des Gerüstes dann sehr schnell vonstatten.

Abb. 6 Aufstellen eines Fachwerkhauses. Aus Diebold Schilling, Luzerner Bilderchronik, 1513.

Die zeitgenössische Abbildung zeigt das Verzimmern der Balken, das mit der hammerartig verstärkten Rückseite des Beiles ausgeführt wurde. Die Gestalt der Bauteile gehört aber in die Tradition des "alemannischen Fachwerks".

Der Stallspeicher besitzt keinen Schwellenschmuck. Die Motive aber, die fast überall zu sehen sind, tragen wesentlich zum ästhetischen Reiz des Fachwerks bei, zudem bieten sie weitere Erkenntnismöglichkeiten über die alten Bauten. Bevor wir uns jedoch eingehender mit diesem Thema befassen, soll die günstige städtebauliche Situation genutzt werden, um einiges über die ursprüngliche Nutzung der Grundstücke in Erfahrung zu bringen.

Grundstück, Haus und Nebengebäude

**4. Standort:
Ecke Herrendorftwete
und Am Magnitor**

Eine sehr konkrete Vorstellung von der Bebauung eines Grundstückes bekommt man in der Regel vom Hof aus, doch möchte ich vor dem Betreten von Hinterhöfen ohne Genehmigung des Besitzers warnen. Weil eine Besichtigungsmöglichkeit hier nicht vorausgesetzt werden kann, sollen alte und moderne Stadtkarten zur Beurteilung hinzugezogen werden.

Die Nebengebäude auf dem Grundstück Am Magnitor 1, die sich im hinteren Teil der Parzelle befinden, sind nun schon bekannt. Der Hofzugang in der Herrendorftwete befindet sich wahrscheinlich noch an alter Stelle. Vollständig wird das Bild jedoch erst mit dem Blick auf das Vorderhaus, welches das Besitztum zur Hauptstraße hin abschließt.

Abbildung 7 verdeutlicht die Anordnung und zeigt die Entstehungszeit der einzelnen Gebäude. Am ältesten ist wahrscheinlich das Vorderhaus, der Stallspeicher in der Herrendorftwete scheint wenig später errichtet worden zu sein. Etwa hundert Jahre danach entstand der Flügel am Magnikirchplatz, dessen Ausführung auf teilweise Nutzung als Wohnraum hindeutet, während der rückwärtige Teil den Eindruck einer Scheune vermittelt. Gerade an der Seite zum Kirchplatz mögen sich schon vorher kleinere Nebengebäude befunden haben.

Abb. 7 Bebauung der Parzelle Am Magnitor 1. Haupthaus und Nebengebäude auf einem großen Grundstück.

Wozu nun dienten die Nebengebäude, da doch Lagerraum
in den oberen Ebenen des Vorderhauses vorhanden war?
Einige Hinweise lassen sich archivalischen Quellen entnehmen. In ihnen werden die Hopfendarre oder das Mäl-
zehaus genannt, ebenfalls für gewerbliche Zwecke das
Gerhaus der Gerber oder das Backhaus. Holzspeicher
waren häufig vorhanden, daneben noch ein Stall für
Schweine, die fast jeder Bürger hielt. Kühe und Pferde
waren schon seltener, für sie mußte Winterfutter gelagert werden. Auf jeden Fall dürfen wir uns auf dem
Hof dieses Grundstückes wie in der ganzen Twete freilau-
fende Hühner vorstellen. Wenn auch die Stadt in damali-
ger Zeit nicht einfach als vergrößertes Dorf gesehen
werden kann, war ein gewisses ländliches Element zwei-
fellos vorhanden.

Im Zusammenhang mit der Viehhaltung muß ein großes
Problem der Stadtbewohner angesprochen werden: das der
Unratbeseitigung im Speziellen, der Hygiene im Allge-
meinen. Eine regelmäßige Müllbeseitigung gab es nicht,
Abfälle wurden in die Kloake, auf den Hof und auf die
Straße geworfen. Groß war auch die Versuchung, den
Tiermist auf der Straße abzuladen. Eine mittelalterliche
Vorschrift besagte: "Wer seinen Mist länger als drei Tage
auf der Straße läßt, zahlt fünf Schilling Buße."

Die hygienischen Verhältnisse in der spätmittelalterlichen
und frühneuzeitlichen Stadt werden unterschiedlich beur-
teilt. Das Spektrum der Meinungen reicht dabei von kata-
strophal über bedenklich bis zu naturverbunden. Eines
steht allerdings fest: je kleiner die Grundstücke und je
enger diese bebaut waren, desto schlechter war es um
die Hygiene bestellt, desto unangenehmer wurden die
Lebensbedingungen. Ein Misthaufen auf einem Bauernhof
beeinträchtigt kaum, in einem engen Hof wird er uner-
träglich - was die Geruchsbelästigung anbetrifft. Weit
bedenklicher aber war die Nähe zu den Trinkwasserbrun-
nen.

Ein Beispiel für die Reihung relativ kleiner Grundstücke bietet die südliche Bebauung der Straße Am Magnitor und weiter unterhalb die Straße Ölschlägern. Auf den schmalen Parzellen befindet sich heute eine bunte Mischung von Bauten aus verschiedenen Zeiten, darunter einige, die in der Zeit um 1500 entstanden sind. Diese sind allerdings oft stark verändert worden, wie Am Magnitor 13 und 14. Das Doppelhaus 10-11 entstand 1590. An Ölschlägern sind als alte Gebäude zu nennen Nr. 18, 20, 23 und 24.

Eine Vorstellung von der verfügbaren Grundstücksfläche eröffnet die Distriktkarte von 1764/66, zum Vergleich dient der ebenfalls abgebildete heutige Lageplan. Hier zeigt sich, daß die Parzellen wenig tief bemessen waren und außerdem noch durch Hintergebäude eingeengt wurden, die dort wahrscheinlich schon in der frühen Neuzeit standen.

Andere Grundstücke, z.B. in der Ritterstraße, besaßen hinter der Hoffläche noch einen großen Garten. Im übrigen war es bis in die freie Natur nicht weit, denn wie wir gesehen haben, befanden sich vor den Mauern Gärten, an die sich Wiesen, Weiden und kleine Gehölze anschlossen.

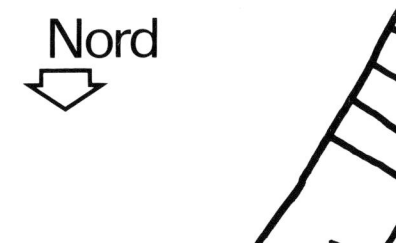

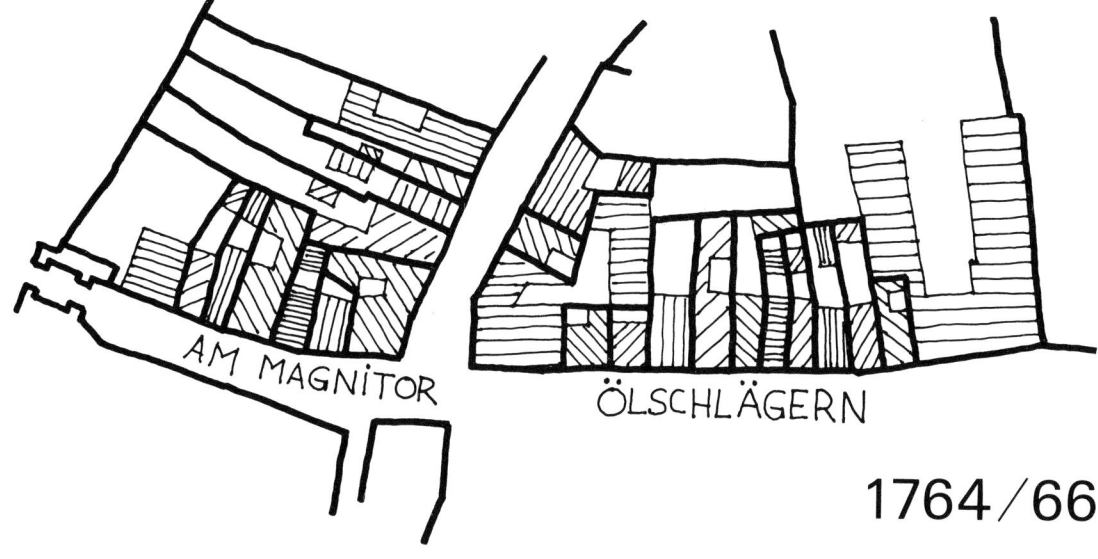

1764/66

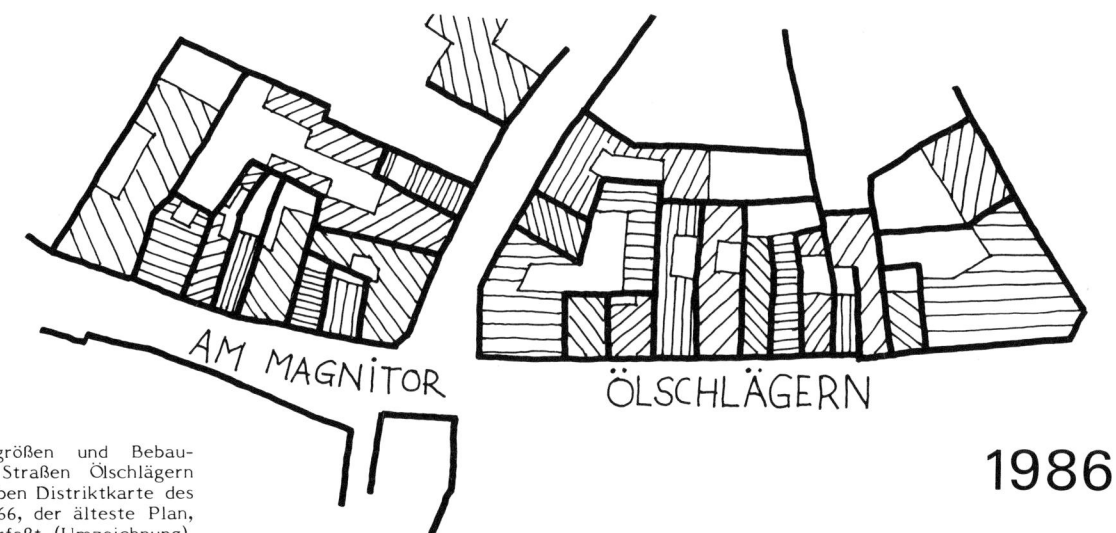

Abb. 8 Grundstücksgrößen und Bebau-
ungsstruktur an den Straßen Ölschlägern
und Am Magnitor. Oben Distriktkarte des
A. C. Haacke 1764/66, der älteste Plan,
der die Bebauung erfaßt (Umzeichnung).
Unten moderne Stadtkarte (Umzeichnung).

1986

Schmuckmotive

Von dieser Stelle aus haben wir eine Reihe von Fachwerkhäusern im Blick, die unterschiedliches Zierwerk auf-
weisen. Besonders wichtiger Schmuckträger sind die
Schwellbalken der Häuser.

Die verschiedenen Schmuckmotive müssen als "Modeer-
scheinungen" angesehen werden, denn sie traten nicht
alle gleichzeitig auf, sondern lösten einander jeweils mit
einer gewissen Übergangszeit ab.

Das Haus Ritterstraße 24 weist das älteste Motiv, die
Treppe, auf - mit ihm beginnt der künstlerisch verzierte
Holzbau. In besonders deutlicher Weise werden durch die
auf- und wieder absteigenden Treppenlinien die Ab-
schnitte zwischen den Balkenköpfen hervorgehoben und
zugleich die Senkrechten betont. Das zeitlich nachfol-
gende Motiv, der Bügelfries, findet sich - leider etwas
gestört - gegenüber an Ritterstraße 22. Der Bügel, eine
Vereinfachung der Treppe, betont immer noch die einzelnen Schwellenintervalle, die er klammerartig verbindet. Laubstab und Fächerfries zeigt die nebenstehende
Abbildung, während ein Kettenfries auch am Haus Ritterstraße 23 zu entdecken ist. Über der jüngeren Tür ist als
Baudatum 1608 festgehalten.

Da viele andere Fachwerkhäuser solch ein originales Baudatum nicht tragen, müssen die Schmuckmotive einen An-
haltspunkt für die Entstehungszeit bieten. In etlichen Fällen stellen sie zusammen mit feineren Datierungsmerk-
malen der Konstruktion und dekorativer Details die einzi-
ge Möglichkeit dar, die Erbauungszeit annähernd zu benennen. So beispielsweise, wenn das Original vernichtet
wurde, also keine dendrochronologische Bestimmung möglich ist, und sich auch keine archivalischen Hinweise finden lassen.

**5. Standort:
Ritterstraße,
vor dem Haus Nr. 24**

Abb. 9 Schmuckmotive und ihre Verwendungszeit. Die angegebenen Zeitspannen
beziehen sich auch auf nicht mehr erhaltene Bauten.

TREPPENFRIES
(~1470 – 1520)

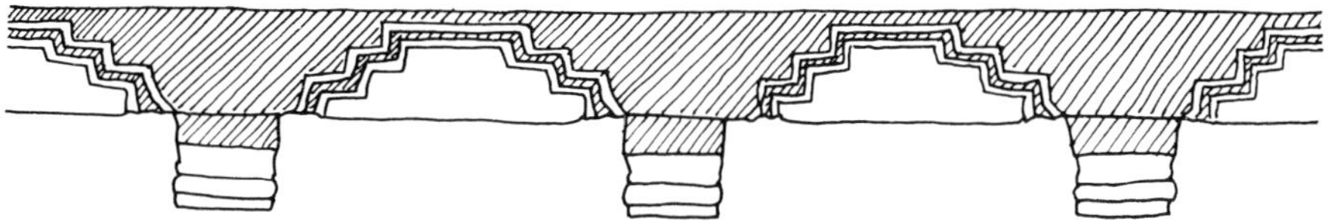

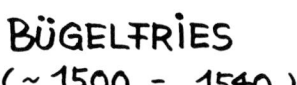

BÜGELFRIES
(~1500 – 1540)

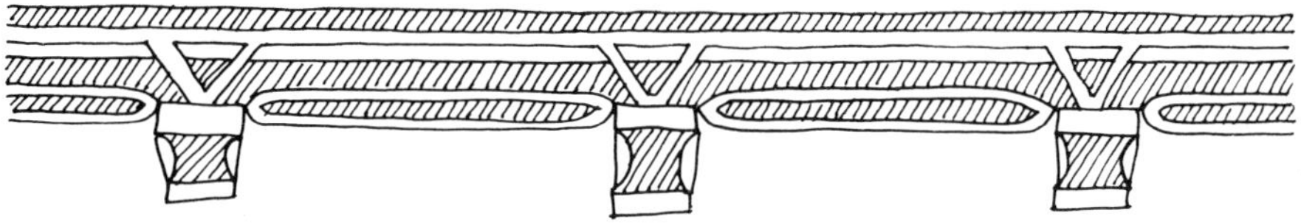

DER LAUBSTAB
(~1520 – 1550)

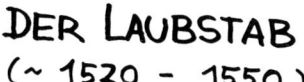

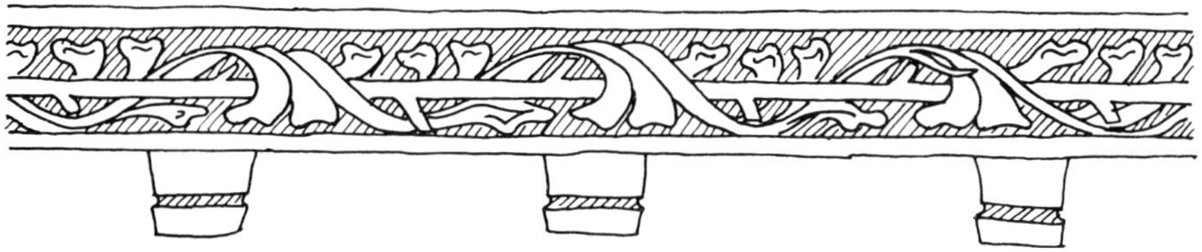

FÄCHERFRIES
(~1535 – 1560)

KETTENFRIESE
(~1550 – 1670)

OBEN MIT QUADERN
AUS DER
STEINARCHITEKTUR,
UNTEN DAS DIAMANT-
BAND, LETZTES
VERWENDETES MOTIV.

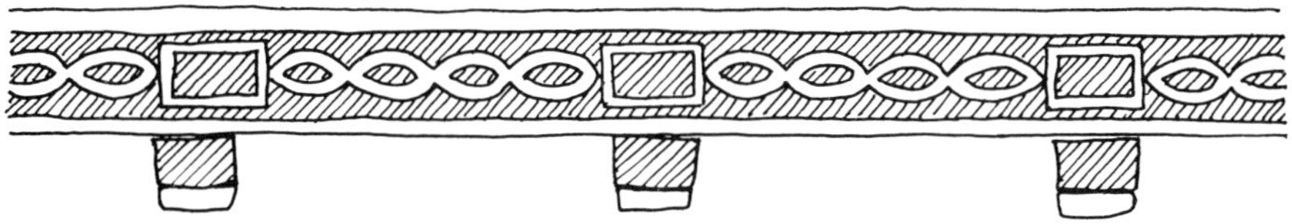

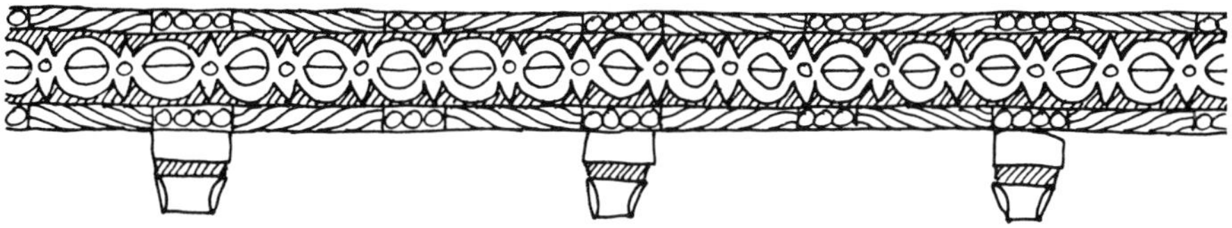

In Beziehung zu den Stilepochen der Kunst gesetzt, er- gibt sich für die Schmuckmotive eine grobe Zweiteilung: Treppe und Bügel gehören der Gotik an, der Laubstab ist einer Übergangszeit zuzurechnen. Fächer und Kette sind Renaissancemotive. Ob aber die beiden letztgenannten ein Spiegel veränderten Kunstwollens sind, soll dahinge- stellt sein. Denn grundsätzlich änderte sich an Konstruk- tion und Gestalt der Häuser in der gesamten Zeitspanne nur sehr wenig.

Treppenfries und Laubstab

Gleich hinter der Magnikirche stoßen wir auf einige Bau- ten, die um 1500 entstanden sind. Die Stadt hatte gerade 1492/93 ihre erste Belagerung durch den eigenen Herzog überstanden, worin sich - für die Zeitgenossen sicher kaum erfaßbar - ein weitreichender politischer Um- schwung ankündigte: Die Landesherren gewannen an Stärke, die Blütezeit der Hansestädte lief allmählich aus.

**6. Standort:
Hinter der Magnikirche,
vor dem Haus Nr. 5**

Haus Nr. 5 entstand nach Ausweis der Konstruktion noch vor 1500 und ist damit auch im engeren Sinne zu den mittelalterlichen Bauten zu zählen. Der Schwellbalken zeigt eine einfache Ausführung des Treppenmotives. Unter der Schwelle sind wuchtige Balkenköpfe auszu- machen, doch wirken die stützenden Knaggen schon von ihrer Anbringung her etwas seltsam. Tatsächlich sind sie vereinfacht nachgearbeitet worden. Der Dacherker war zur Erbauungszeit nicht vorhanden.

Auffällig ist die starke Setzung des Gebäudes auf der linken Seite. Ursachen für solche Erscheinungen sind Veränderungen im Baugrund, das nachträgliche Eingraben eines Kellers im oder neben dem betreffenden Haus, Schäden im Holzwerk oder Kriegseinwirkungen. Die starke Neigung zeigt, daß ein Fachwerkgerüst beträchtliche Verschiebungen verkraftet - ein Ziegelbau wäre schon längst auseinandergeborsten.

Die zeitliche Verwandtschaft mit dem Nachbarhaus zur Linken, Hinter der Magnikirche 4, deutet sich durch den Vergleich der Balkenköpfe an. Auch hier tritt ihre Stirn betont in Erscheinung, wiederum gegliedert durch eine horizontale Profilierung. Die Schwelle aber ziert nicht ein bekanntes Schmuckmotiv, sondern eine Inschrift aus sorgfältig gearbeiteten Buchstaben. Dem Text ist zu entnehmen, daß es sich hier um das ehemalige Pfarrhaus der Ulrichskirche handelt, das am Kohlmarkt stand (Übersetzung siehe Seite 31).

Früher war die optische Wirkung allerdings eine ganz andere, denn am alten Standort lag die Spruchschwelle nur über dem Erdgeschoß. Insgesamt war das Gebäude zwanzig Spann lang. Diese Maßeinheit muß erläutert werden: Sie gibt den Abstand von Ständer zu Ständer an, er beträgt in Braunschweig an fast allen traditionellen Bauten etwa 1,20 Meter. Wegen des Bezuges zur Konstruktion eine sehr praktische Angabe - die Gebäudelänge kann schnell abgeschätzt werden!

Abb. 10 Inschriftschwelle von 1514. Hinter der Magnikirche 4, ehemals Kohlmarkt 5. Ausschnitt: "Georgius Irrenberch brunoniense". Vollständiger Text siehe Seite 31.

Über verschiedene, nach 1945 eingefügte Bauteile fällt der Blick auf einen Balken an Haus Nr. 2, den ein Laubstab schmückt. Er gehörte zu einem großen Patrizierhaus - Auguststraße 33 - und wurde aus den Kriegstrümmern geborgen. Um eine Vorstellung seiner ursprünglichen Umgebung zu ermöglichen, ist unten ein Ausschnitt der Hausfront nach einer älteren Zeichnung wiedergegeben. Tatsächlich trat der Laubstab fast immer zusammen mit Maßwerkverzierungen auf, deren Formen aus der gotischen Kirchenarchitektur bekannt sind.

Abb. 11 Maßwerk und Laubstab, 1517. Ausschnitt aus der Frontgestaltung von Auguststraße 33. Das Gebäude wurde im Krieg zerstört, eine geborgene Laubstabschwelle befindet sich heute am Haus Hinter der Magnikirche 2.

Das nächste Gebäude, Hinter der Magnikirche 1, gibt ein kleines Rätsel auf. Unten ist der Treppenfries zu entdecken, oben die Jahreszahl 1645 mit dem zeitlich zugehörigen Kettenfries. Die Erklärung liegt in einer Aufstockung des Gebäudes etwa hundertfünfzig Jahre nach seiner Erbauung. Die Schwelle am Fuß des zweiten Obergeschosses ist schon jüngeren Datums, Balkenköpfe und Knaggen darunter gehören noch in die Gotik. Einen Hinweis auf die ehemalige Wirtschaftsnutzung geben die Ladeluken. Dieser Aspekt soll später erneut aufgegriffen werden. Übrigens stand das Haus bis 1913 an der Ecke Schloßstraße / Ölschlägern; beim Neuaufbau am heutigen Standort wurde die Front um vier Spann verkürzt.

Hausgrößen

Wenden wir von unserem momentanen Standort den Blick zurück. Von Nr. 1, ursprünglich dreizehn Spann lang, über die Schwellen des St. Ulrici-Pfarrhauses mit ehemals zwanzig Spann Frontlänge zu Nr. 5 mit nur vier Spann - eine enorme Größendifferenz! Ein weiteres Beispiel für die Gruppe der Kleinbauten erreichen wir nach kurzem Weg.

7. Standort: vor dem Haus Ölschlägern 23

Hier, bei diesem Gebäude mit Treppenfries, beträgt die Frontlänge sogar nur drei Spann. Im Erdgeschoß war folglich nur wenig Raum verfügbar, das erste Obergeschoß wurde vornehmlich als Speicher genutzt, der Dacherker war ursprünglich nicht vorhanden. Solche Kleinhäuser nannte man auch "Buden", sofern sie nur vermietet wurden und noch nicht in den Besitz des Bewohners übergegangen waren. Ihre Anzahl ist für die Zeit um 1400 errechnet worden: Ungefähr fünfhundert größeren Häusern standen rund tausend Kleinhäuser gegenüber. Sie sind also nicht die Ausnahme gewesen, sondern stellten die überwiegende Mehrzahl der Wohngebäude - was in etwa auch für die folgenden beiden Jahrhunderte gelten dürfte.

Abb. 12 Ölschlägern 23, ein Kleinhaus aus der Zeit um 1500. Jüngere Veränderungen: Vorbau in den Hof und Vergrößerung des Dachraumes, barocker Mansarderker, moderner Ladeneinbau.

Entsprechend sah die soziale Gliederung aus: Einer schmalen, sehr reichen Oberschicht und einem relativ breiten Mittelstand stand die Masse der armen, in bescheidensten Verhältnissen lebenden Bürger gegenüber. Sie hatten nur die Vorsteuer zu entrichten, zur Hauptsteuer, die vom Besitzstand erhoben wurde, zog man sie nicht heran. Über die unterste Schicht, nicht einmal im Besitz des Bürgerrechts, wissen wir äußerst wenig. Ein kleiner Teil dieser Gruppe mag in gemieteten Buden gelebt haben, der größere sicherlich in wirklich erbärmlichen Unterkünften.

Eine große Gruppe von Personen war nicht nur durch jede wirtschaftliche Krise in ihrer Existenz bedroht, sondern ebenso durch eine kräftige Erhöhung der Vorsteuer, wie sie im Jahre 1512 beschlossen wurde. Als Ratsherren mit den Vorbereitungen zur Einziehung begannen, brach ein Aufstand aus, den Historiker später als "Aufruhr der Armut" bezeichneten.

Natürlich waren die Besitzer der nur drei oder vier Spann langen Häuser bestrebt, die Nutzfläche zu vergrößern - sofern genügend Geld zur Verfügung stand. Eine Ausdehnung entlang der Straße ließ sich fast nie realisieren, denn diese Gebäude standen meist in einer geschlossenen Zeile. Blieb also nur die Erweiterung in den Hofraum oder in die Höhe oder eine Kombination beider Maßnahmen. Auch am Haus Ölschlägern 23 läßt sich solch ein Umbauvorgang beobachten: Der Dachraum scheint für die kleine Bude erstaunlich geräumig, der Dachfirst weit nach hinten verschoben. Die hofseitige Erweiterung ist hier unter einem vergrößerten Dachstuhl mit dem Ursprungsbau vereint worden.

Auf unserem weiteren Rundgang wird uns noch ein anderes, sehr aussagekräftiges Beispiel für diesen Vorgang begegnen.

Inschriften

Inschriften sind hervorragende Quellen, durch die wir für einen Moment in vergangene Zeiten blicken können. Baudaten und Erbauernamen scheinen für solch einen Versuch zuerst einmal weniger geeignet, eher schon Texte, die Zweckbestimmung und Entstehungsumstände festhalten. Deutliche Hinweise geben Sprüche, die das Verhältnis zu den Nachbarn beleuchten oder aus Furcht vor Kriegshandlungen entsprechende Bitten formulieren. Einige Beispiele sollen aufgesucht werden, andere sind auf Seite 31 angegeben.

Auch wenn schon früh deutsche Inschriften auftauchen, so konnten sie damals doch nur von wenigen gelesen werden. Für die Reformationszeit läßt sich der Anteil der Lesekundigen in den großen Städten nur grob schätzen, man rechnet mit etwa zehn Prozent, möglicherweise lag die Zahl auch deutlich höher. Noch größere Schwierigkeiten als deutsche Texte boten - und bieten - lateinische Sätze. Das verständlichere Medium blieb das Bild.

Am ehemaligen Pfarrhaus der Ulrichskirche ist uns die erste längere Inschrift begegnet. Der Pfarrherr Georg Irrenberch betont darin, daß er das Haus zu Ehren der Kirchenpatrone erbaut habe. Das entspricht in der Zurücksetzung der Person des Bauherren mittelalterlicher Tradition. Immerhin läßt Irrenberch seinen Namen auf der Schwelle anbringen, was zu seiner Zeit noch nicht üblich war. Im späteren 16. Jahrhundert werden dann die Erbauernamen häufiger mitgeteilt.

An der Frontseite von Ölschlägern 13 ist ein Teil eines Psalmes wiedergegeben. Nach dem Lesen fragt man sich, warum hier ein starker Bezug zur Armut hergestellt wird: "Der herr Ist des Armen schutz..." - ein Armer wird dieses Haus sicher nicht gebaut haben. Vielmehr wird hier ein Hinweis auf die Zweckbestimmung gegeben,

8. Standort: vor dem Haus Ölschlägern 13

denn in diesem Haus fanden hilfsbedürftige Frauen Unterkunft. Die Namen der Stifter, Mitglieder der Familie Riken, sind auf der Hofseite angegeben. Ein ähnliches Beispiel für Sozialfürsorge im 16. Jahrhundert ist das Predigerwitwenhaus in der Echternstraße. Die Bestimmung wird hier eindeutig genannt.

9. Standort: Ölschlägern, jenseits des Ackerhofes, vor dem Haus Schmalbruck (zu Ackerhof 2)

Der Schriftzeile zufolge hießen die Erbauer Christian Schmalbruck und Ilse Luddekens, die ihr Leben im Jahre 1645 Gottes Segen anbefahlen. Der letzte Teil der Inschrift wirkt gequetscht, der Zimmermann schaffte es gerade noch, alles unterzubringen. Selbstverständlich waren Christian und Ilse verheiratet, auch wenn diese hier mit ihrem Mädchennamen genannt ist. Gelegentlich findet sich in solchen Fällen das Kürzel SEHF, so an Burgplatz 2 - zu lesen als Sine Ehelike Hus Fruwe.

Die Nennung von Mann und Frau als Bau"herren" können wir weitergehend interpretieren. Mit großer Selbstverständlichkeit werden nämlich auch an anderen Gebäuden des 16. und 17. Jahrhunderts beide Ehepartner genannt, oder es finden sich entsprechende Hinweise als Wappen. Wertschätzung der Ehefrau und natürlich ihre Wichtigkeit für die Wirtschaftsgemeinschaft Familie sind hier abzulesen.

10. Standort: Langedammstraße, nahe dem Ackerhof

Wieder sind die beiden Personennamen auf einer Schwelle zu entdecken. Dieses Gebäude ist zwei Jahre nach dem ersten entstanden, aus Schmalbruck ist jetzt Schmalbruch geworden. Wir müssen nicht unbedingt ein Versehen des Ausführenden annehmen, dieser Wandel kann an der oft nicht eindeutig festgelegten Namensschreibung liegen. Auch in Dokumenten dieser Zeit tauchen dieselben Personen mit unterschiedlichen Namensformen auf.

Ein Baudatum ist ebenfalls am Eckgebäude, an der Seite zur Langedammstraße, zu finden. Leider ist die Angabe 1432 (Anno D MCCCCXXXII) zwischen einer Blende und der Regenrinne schlecht zu erkennen. Sie hätte eine bessere Präsentation verdient: wir haben hier den ältesten datierten Überrest eines Braunschweiger Fachwerkhauses vor uns. Das Gebäude selbst ist jedoch mehrfach durchgreifend verändert worden, so daß der ursprüngliche Bestand nicht mehr auszumachen ist.

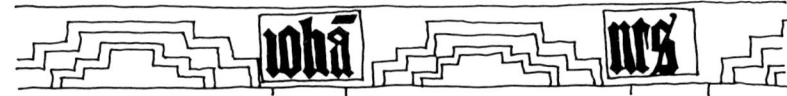

Abb. 13 Inschriften an Fachwerkhäusern in Braunschweig. Textverteilung, Schriftarten, Kürzungszeichen.
- Alte Knochenhauerstraße 11, 1470
- Kleine Burg 15, 1488
- Echternstraße 14-15, 1559
- Ölschlägern 13, 1588
- Ackerhof 2, Nebengebäude an Ölschlägern, 1645
- Am Magnitor 4, um 1700.
Vollständige Texte auf der gegenüberliegenden Seite.

Inschriften an Braunschweiger Fachwerkhäusern. Auflösungen von Kürzungszeichen und sinngemäße Ergänzungen sind in Klammern gesetzt, U und V folgen heutigem Sprachgebrauch.

Alte Knochenhauerstraße 11, 1470

"XX i(n) die sa(nc)ti viti co(m)pletu(m) est"
20 (Rest der Jahreszahl). Am Tage des hl. Vitus vollendet.

Kleine Burg 15, 1488

"O rex gl(oria)e xpe veni in pace Anno d(o)m(ini) M CCCC LXXXVIII ioha(n)nes ihs"

O König der Herrlichkeit, Christe (XP=Christusmonogramm), komm in Frieden. Im Jahre des Herrn 1488. Johannes, Jesus (IHS=griechisch, verkürzt für Jesus).

Hinter der Magnikirche 4, früher am Kohlmarkt als Pfarrhaus der Ulrichskirche, 1514

"Anno domini Millesimo Quingentesimo Decimoquarto Georgius Irrenberch brunoniense rector hui(us) ecclesie i(n) honore(m) divi Udalrici epi(scopi et) s(an)ctor(um) (com)patron(orum) Cosme et Damia(n)i ha(n)c domu(m) fi(eri) fec(i)t"

Im Jahre des Herrn 1514 hat Georg Irrenberch aus Braunschweig, Leiter dieser Kirche, zu Ehren des hl. Bischofs Ulrich und der heiligen Mitpatrone Cosmas und Damian dieses Haus erbauen lassen.

Echternstraße 14-15, Predigerwitwenhaus der Altstadt, 1559

"POST PIA FATA VIRUM --- behausung der vorlassen widwen der abgestorben prediger in der alten stad durch eines erbaren wolweise(n) rads und filer erbar fromen christe(n) beforderung erbawet an(n)o domi(ni) 1559"

Gottgefällige Schicksale nach dem Hinscheiden des Mannes (unvollständig).

Jakobstraße 1A, 1561

"VERBUM DOMINI MANET IN ETERNAM --- Anno dom(i)ni M CCCCC LXI --- AMEN"

Des Herrn Wort bleibt in Ewigkeit --- Im Jahre des Herrn 1561 --- Amen.

Ölschlägern 13, 1588

"Der herr Ist des Armen schutz ein schutz in der not Darumb hoffen auff dich die deinen namen kennen den(n) du verlesse(s)t nicht die dich herr suchen 9 Psalm"

Ackerhof 2, Nebengebäude an Ölschlägern, 1645

"CHRISTIAN SCHMALBRUCK U ILSE LUDDEKENS AN GOTTES SEGEN IST ALES GELEGEN 1645"

Am Magnitor 4, um 1700

"WER DA BAUET AN DEN GASSEN MUS(S) SICH VHL MEISTERN LASSEN ABER WAS ACHTE ICH IHR LACHEN ICH HAB ES SO MACHEN ANTON APPELSTID DOROTHEA BERENS WAS MIR GOTT GAN NIMPT MIR KEINMANT ICH WIL(S) SO HABEN"

Der Bügelfries

Inzwischen haben wir schon einige Erfahrungen gewonnen, um nachträgliche Umbaumaßnahmen zu erkennen. Beim zweiten Gebäude in der Langedammstraße, vom Ackerhof gezählt, stammt der breite Dacherker wie an fast allen Braunschweiger Fachwerkhäusern aus der Barockzeit. Bei den Umbauten hat man die Knaggen beseitigt, geblieben sind Profile auf den Ständern des ersten Obergeschosses etwa in zweidrittel der Höhe. Sie bildeten ehemals die optische Verlängerung der Knaggen. Über dem modernisierten Erdgeschoß liegt eine Schwelle mit dem Bügelfries. Die Entwicklung der tiefeingeschnittenen Treppe zur flachen Ornamentik des Bügels ist gut zu erkennen. Die Umrißlinie steigt ebenfalls auf und wieder ab, geblieben ist auch die Reihung entsprechend den Gefachen.

Der Bügelfries ist heute in Braunschweig ein seltenes Motiv, in Goslar ist er noch häufig anzutreffen. Ein weiteres Beispiel soll später im Hof der Handwerkskammer am Burgplatz besichtigt werden. Dort ist der Bügelfries allerdings schon in den oberen Bereich der Fassade gerückt, er hat den "besseren" Platz über dem hohen Erdgeschoß dem Fächerfries abtreten müssen.

**Weg:
durch den Schloßpark zum
Bohlweg, über den Langen
Hof zum Burgplatz**

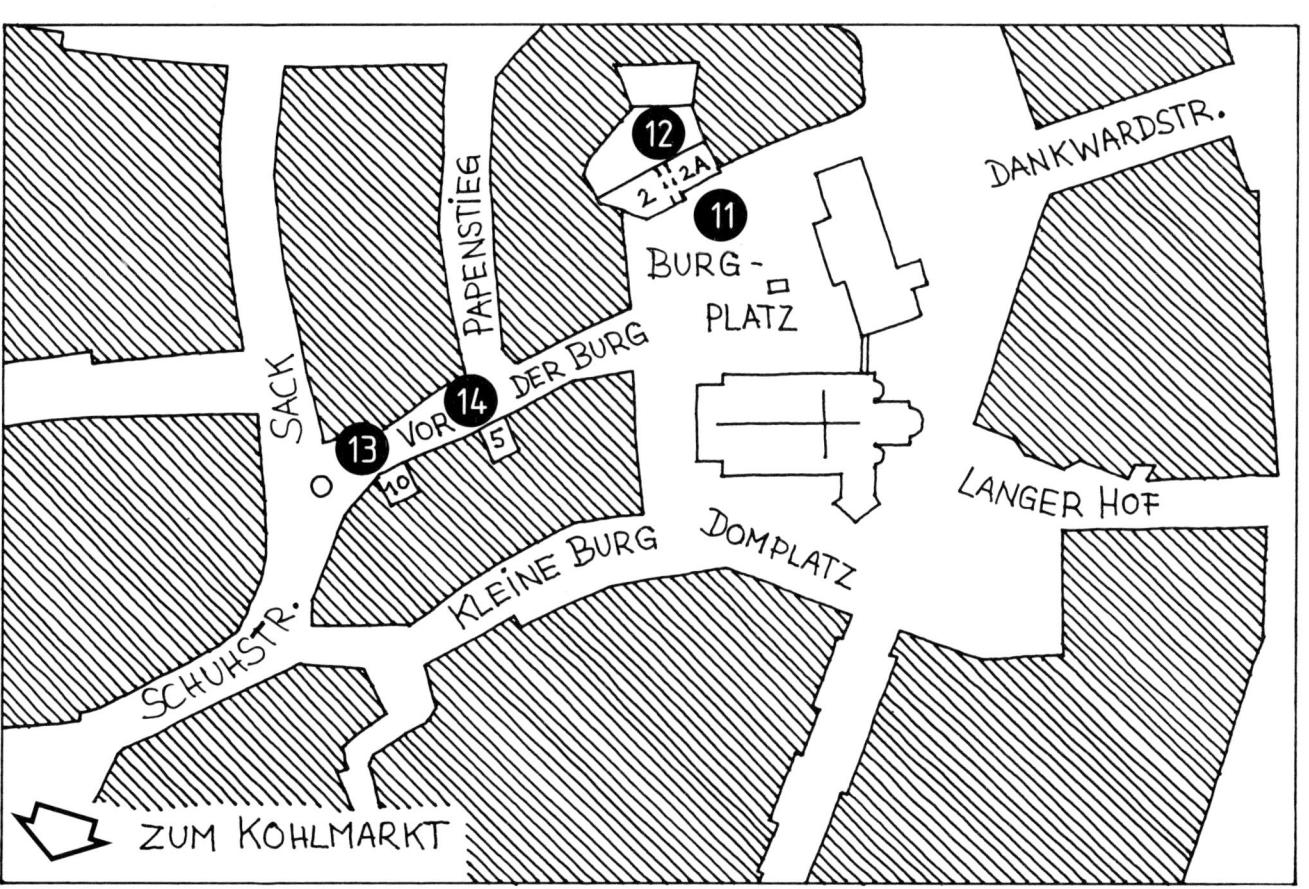

Friedrich Huneborstel und die Nutzung seines Hauses

Huneborstels Haus ist wohl das berühmteste Fachwerkgebäude Braunschweigs und wird in allen wichtigen Veröffentlichungen über deutsche Fachwerkbauten genannt, meistens auch abgebildet. Genauer gesagt richtet sich das Interesse auf das Schnitzwerk der Fassade, das schon 1901 von der Stadt angekauft wurde, um es vor dem drohenden Verlust infolge Abbruchs zu retten. Ein Jahr später hatte man die wertvollen Fassadenteile einem dafür vorgesehenen Neubau am Burgplatz vorgeblendet, auch der Dachstuhl war vom alten Standort am Sack übernommen worden. Bevor wir das Schnitzwerk im einzelnen betrachten, sollen die Lebensumstände des Bauherren beleuchtet werden. Sie sind durch Gerd Spies bekanntgeworden (vgl. Literaturempfehlungen).

1514 gab Friedrich Huneborstel seinen Beruf mit "Kramer", also Klein- und Einzelhändler, an. Anscheinend gelangte er ohne familiäre Unterstützung zu großem Wohlstand, denn er erwähnt in seinem Testament, daß er keinerlei Erbschaft erhalten habe. Bevor er das Anwesen Sack 5 erwarb, wohnte er ganz in der Nähe auf einem sehr kleinen Grundstück. Dem Ankauf der neuen Parzelle im Jahre 1524, in repräsentativer Lage gleich gegenüber dem Rathaus seines Weichbildes, lag wohl von vornherein die Absicht zugrunde, dort einen Neubau aufführen zu lassen. Spätestens 1528 war dieser bezugsfertig. Mit dem nach außen dokumentierten Wohlstand stieg sein Ansehen rasch: 1530 wurde Huneborstel Ratsherr, dann Gerichtsherr und schließlich Kämmerer seines Weichbildes - die nächste Position nach dem Bürgermeisteramt.

11. Standort: Burgplatz, vor dem sogenannten Gildehaus

Ganz typisch für einen vermögenden Bürger an der
Wende vom Mittelalter zur Neuzeit ist sein Verhalten in
bezug auf christliche Stiftungen. 1521 stiftete er für den
Dom einen Altar, damals eine recht teure Angelegenheit.
Später, nach der Reformation, ließ er eine Einrichtung
für notleidende Witwen und Waisen, den "Neuen Con-
vent", auf seine Kosten ausbauen.

1552 starb Huneborstel kinderlos; er hatte seine Frau
Anna, geborene Grove, als Universalerbin eingesetzt. Ihr
Wappen ist rechts unten am ersten Speicherstock festgehalten: Ein "Wilder Mann" hält den Schild, der ein drei-
eckiges Motiv, vielleicht eine Beilklinge, zeigt. Leider ist
es nicht farblich abgesetzt wie das Wappen ihres Mannes,
das sich an der entsprechenden Stelle auf der linken
Seite des Stockwerks befindet.

Abb. 14 Wappen des Friedrich Huneborstel, Wappen seiner Frau Anna, geborene
Grove. Burgplatz 2A, ehemals Sack 5.

An der Fassade kann übrigens die ursprüngliche Funktionsgliederung abgelesen werden, denn dankenswerterweise sind die Speichergitter wiederhergestellt worden. Was die Innenaufteilung des Hauses anbetrifft, sind Aussagen mit letztendlicher Gewißheit nicht möglich. Zeichnungen, vor der Niederlegung angefertigt, geben jedoch einige Hinweise.

Zum Wohnen und Arbeiten wurde nur das hohe Erdgeschoß genutzt. Hinter dem Portal, das die Durchfahrt von Wagen in den Hofbereich erlaubte, lag die überhohe Däle des Hauses, die etwa zweidrittel der Fläche einnahm. Sie diente als Arbeitsplatz, zur kurzfristigen Warenlagerung und vielleicht zum Ausschank selbstgebrauten Bieres. Auf der linken Hausseite ermöglichte die Dälenhöhe den Einbau eines niedrigen Zwischengeschosses. Unten lagen Küche und heizbare Stube, die Dornse, darüber zwei weitere Stuben, die über eine Treppe von der Däle aus zu erreichen waren.

Die darüberliegenden Stockwerke wurden zu Lagerzwecken genutzt, das hohe Dach bot weiteren Lagerraum. Die Dachhaut ist durch Schleppluken geöffnet, deren Gitterverschlüsse auch hier für gute Durchlüftung sorgten. Wahrscheinlich wurde auf den Dachböden Hopfen getrocknet und Gerste gemälzt. Die Beschickung der unteren drei Lagerebenen geschah durch Luken an der Front. Der Lastenaufzug wurde durch ein Winderad im Dachraum erleichtert, es ist auch heute noch vorhanden.

Dieses Haus war also ein kombiniertes Wohn- und Wirtschaftsgebäude, zu dem ergänzend noch weitere Hofbauten zu denken sind. Es wurde von einer einzigen Familie bewohnt und kann uns als Beispiel für die Nutzung auch der anderen Fachwerkhäuser im 16. Jahrhundert dienen.

Abb. 15 Burgplatz 2A, Huneborstelsches Haus. Ursprungsbau Sack 5, errichtet zwischen 1524 und 1528.

Das Schnitzwerk am Huneborstelschen Haus

Obwohl schon früher einiges aus dem Bilderreichtum der Fassade enträtselt wurde, brachten doch erst die Forschungen von G. Spies weitgehende Klarheit. Wir haben es mit einem "Bilderbuch" in Holz zu tun, in dem verschiedene Bildprogramme aufzuspüren sind.

Zwar gehen viele Einzeldarstellungen auf damals verbreitete Holzschnitte von Albrecht Dürer, Hans Burgkmair und anderen zurück, doch die Leistungen des beauftragten Schnitzers schmälert das nicht - sie liegt in der meisterhaften Komposition des gesamten Zierwerkes. Zudem blieb ihm und seinen Gesellen - neben den freigestalteten Anteilen - die Aufgabe der Umsetzung in das Balkenwerk des Huneborstelschen Neubaus.

Die nebenstehende Übersicht stellt eine kleine Leseanleitung dar, aus der hier nur Weniges ausführlicher besprochen werden soll.

Beginnen wir mit der Knaggenreihe über dem ersten Speicherstock. Ganz links die hl. Katharina mit Schwert und Buch. Vielleicht fühlte sich Familie Huneborstel dieser Heiligen besonders verbunden, denn das übrige Schnitzwerk nimmt sich wenig christlich aus.

Mit der fünften Knagge beginnt eine längere szenische Folge: zuerst ein Narr, kenntlich an der typischen Kappe mit den langen Ohren, der im Arm ein Schaf hält - "er bringt sein Schäfchen ins Trockene". Die nächste Figur ist ein Lastenträger, dann folgt eine strengblickende Gestalt, die etwas vor sich in den Händen hält, anscheinend ein Buch oder einen Zettel. Vielleicht handelt es sich um einen Kaufmann, seine Haltung ist die eines Gläubigers. Den Schuldner findet man nebenan. Er hat sein Barett ehrerbietig abgenommen, mit der rechten Hand führt er eine lässige Bewegung aus, als wolle er

Abb. 16 Das Bildprogramm am Huneborstelschen Haus. Übersicht der wichtigsten
Darstellungen.

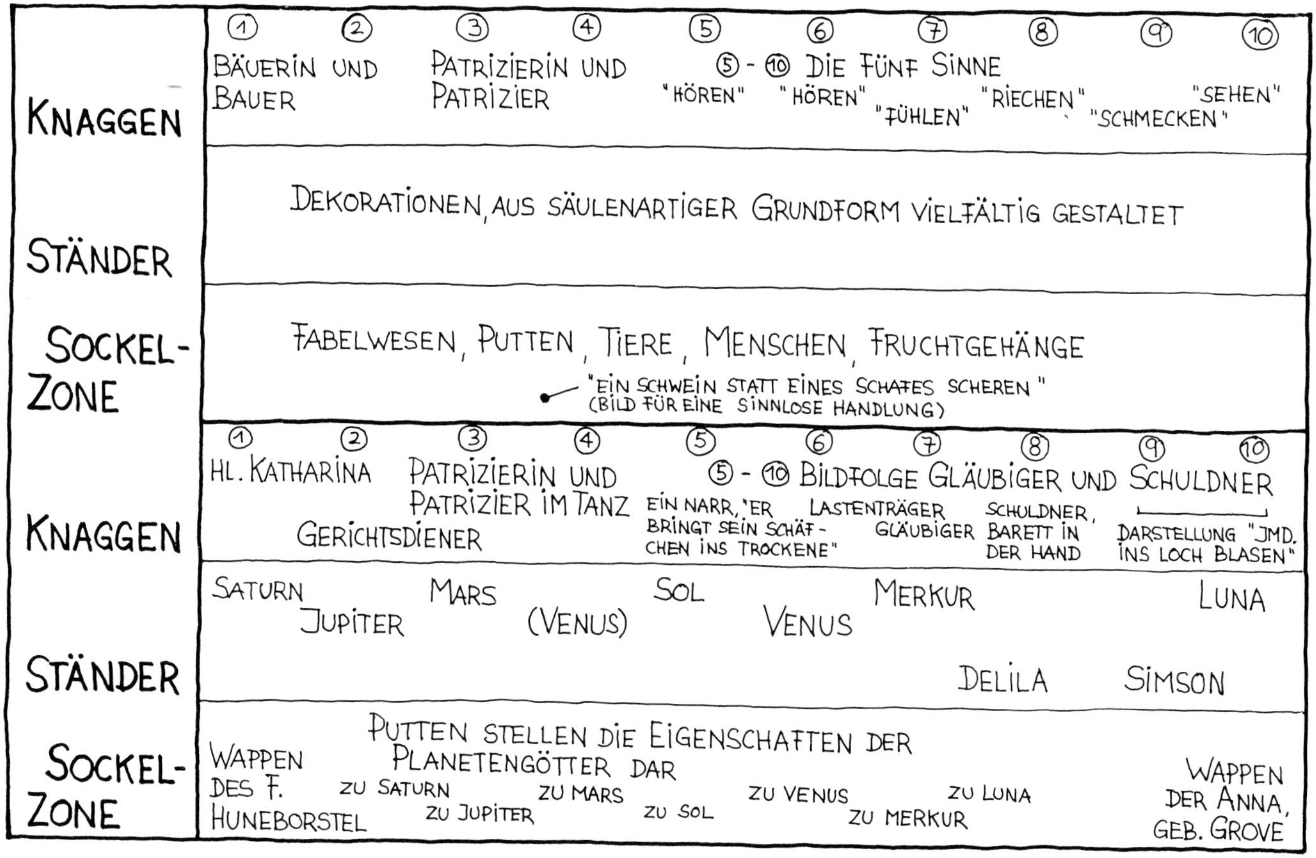

sagen: "Geduld, morgen bekommst du dein Geld". Wenn nun der Kaufmann sein Schäfchen ins Trockene bringen will, so denkt sich auch der Schuldner seinen Teil, dargestellt auf den letzten beiden Knaggen: Ein Mann mit einem Blasebalg zielt auf das entblößte Hinterteil seines rechten Nachbarn. Vergleichbar ist dies mit einem Kraftausdruck, der auch heute noch Verwendung findet.

Im mittleren Abschnitt der Ständer dieses Stockwerkes findet man die Reihe der Planetengötter. Von links: Saturn, Jupiter, bekannter schon die Darstellung von Mars in Rüstung mit Schild und Schwert. Es folgt eine vereinfachte Venus - sie ist aus Gründen der Komposition notwendig. Dann der Sonnengott Sol mit Strahlenkranz, zu seinen Füßen ein Löwe, Venus mit Amor, Merkur mit

Abb. 17 Huneborstelsches Haus, drei Figuren aus der Bildfolge zum Thema Gläubiger und Schuldner. Narr, ein Schaf im Arm (Kopie von 1956). Gläubiger, die Abgaben fordernd. Schuldner mit vertröstender Geste.

Abb. 18 Huneborstelsches Haus, Sol aus der Reihe der Planetengötter. Der Löwe zeigt das ihm zugeordnete Tierkreiszeichen.

einer Flöte. Die beiden Ständerfiguren seitlich der Ladeluke sind einer Erzählung aus dem Alten Testament entnommen und warnen vor Torheit und Eitelkeit. Den Abschluß der Planetenfolge bildet dann auf dem äußersten Ständer Luna, zu identifizieren durch die Mondsichel auf ihrem Haupt.

Die Sockelzone aus Schwelle, Ständerfüßen und Winkelhölzern zeigt Eigenschaften, die diesen Gottheiten zugeordnet wurden und die man auch denjenigen zuschrieb, die unter den jeweils entsprechenden Sternbildern geboren waren. Die Verknüpfung mit dem Tierkreiszeichen ist bei Sol zu sehen - der Löwe! Nach diesem Hinweis für den Betrachter erübrigten sich die anderen Zuordnungen, sie wurden als bekannt vorausgesetzt.

Auch andere Zeugnisse belegen, wie stark das 16. Jahrhundert die Astrologie beachtete. Ist hier die zunehmende Abwendung vom Glauben an die magische Kraft der christlichen Heiligen abzulesen? Zum Zeithintergrund, kurz vor der Durchführung der Reformation in Braunschweig im Jahre 1528, würde es passen.

In jedem Fall dokumentierte Friedrich Huneborstel hier sein Bildungsinteresse - und seinen Repräsentationswillen. Ob nun seine Zeitgenossen alle Einzelheiten der Komposition verstanden, wird niemals zu klären sein. Bei dem Gewicht, das damals dem Bild zukam, ist es jedoch wahrscheinlich, daß der Inhalt in groben Zügen von jedem abgelesen werden konnte. Eine Fähigkeit, die wir uns sehr mühsam wieder erwerben müssen.

Der Fächerfries

Man mag darüber diskutieren, inwieweit Anlage und Ausführung der Fassade Zeugnis eines veränderten Weltverständnisses und einer neuen Kunstauffassung sind, deren zweiten Aspekt man mit dem Stilbegriff Renaissance benennen würde. Festzuhalten ist, daß hier figürliches und ornamentales Schnitzwerk das gesamte Gerüst "überwuchert". Die einzelnen Konstruktionsglieder, ganz besonders in der Fußzone der Stockwerke, sind kaum noch voneinander zu unterscheiden. Ebenso beschränkt sich das Renaissancemotiv des Fächers nicht mehr auf die Schwelle, sondern überzieht Holzbohlen unterhalb der Fenster oder breitet sich auf den Winkelhölzern und Ständerfüßen aus. Ein schönes Beispiel befindet sich auf dem Hof der Handwerkskammer.

Auch dieses große Gebäude hat seinen alten Standort am Sack aufgeben müssen. Über dem veränderten Erd- und Zwischengeschoß ist die Reihung der Fächer zu entdecken, die gelegentlich auch als Halbrosetten oder Sonnenrosen bezeichnet werden.

**12. Standort:
Hof der Handwerkskammer
am Burgplatz (zugänglich
während der Bürozeiten)**

An der Windeluke sind die beiden Fächerzentren als clowneske Köpfe gearbeitet. Die dort angebrachte Jahreszahl (1523) beruht allerdings auf einem Irrtum, das Holzwerk ist um 1535 errichtet worden. Am zweiten Speicherstock erkennen wir einen Bügelfries; eine bügelähnliche Form ist auch aus der unteren Kante der Schwelle herausgearbeitet, jeweils zwischen zwei Balkenköpfen, und wiederholt sich im Füllholz gleich darunter. Diese Verzierung wird "Schiffskehle" genannt, ein häufiges Renaissancemotiv. Die Fensterstürze scheinen durch die eingeschnittenen Profile wie von gerafften Vorhängen umgeben, auf den Ständern sind Ornamente zu entdecken. Das gesamte Zierwerk wirkt heiter, unterstützt durch das Spiel von Licht und Schatten in diesem Innenhof.

Abb. 19 Burgplatz 2A, Hofgebäude. Ur-
sprünglicher Standort Sack 8-9, erbaut
um 1535.

13. Standort Straße Vor der Burg, bei Haus Nr. 10

Eine weitere - bescheidene - Ausführung finden wir an diesem schmalen Gebäude. Weit oben sind kleine Fächer aus einer hohen Schwelle herausgearbeitet. Sie werden von Kugelmotiven begleitet.

Hier nun das dritte Beispiel für den Fächerfries. Allerdings ist von den gestaffelten Fächern nur wenig übriggeblieben, denn die Brüstungsbohlen, die einen großen Teil der Ansichtsfläche ausmachten, sind längst abhanden gekommen. Von den Fächern zeugen nur noch die Teile, die sich auf den Ständern befanden, denn die Schwelle selbst ist durch Brettprofile verdeckt. Die Zeichnung nach einer Vorlage von R. Fricke verdeutlicht die ursprüngliche Wirkung.

Ein wichtiges Detail ist noch heute oberhalb der Fächerzone erhalten: Am dritten Ständer von links befindet sich ein seltsames Zeichen, einer Krone ähnlich. Gemeint sind drei Dolche in einem Gestell, Handwerkszeichen eines Messerschmiedes, das zwischen die Initialen F und S gesetzt wurde.

Die Rekonstruktion der Ansicht gibt ferner das Aussehen von Erdgeschoß und erstem Obergeschoß wider. Zwischen beiden befindet sich auch heute noch ein Schwellbalken mit Treppenfries, ebenfalls hinter Brettprofilen verborgen, die mit den anderen Veränderungen auf die Barockzeit zurückgehen.

Der Befund am Bauwerk selbst zeigt also, daß ein relativ kleines, vier Spann langes Haus aus der Zeit um 1500, etwa zwischen 1540 und 1560 von einem Messerschmied F S aufgestockt wurde. Genauere Kenntnis von der Person und ihrer Lebensumstände war in diesem Fall aus Dokumenten des Stadtarchivs zu gewinnen. Der damalige Besitzer hieß Franz Schönebom, und ein Inventar des Hauses, das nach seinem Tod 1558 angefertigt wurde, führt seinen Besitzstand auf.

14. Standort: Einmündung des Papenstieges, bei Haus Vor der Burg 5

Der Besitzstand des Franz Schönebom

Die Aufnahme eines Nachlaß-Inventares - eine Absiche-
rung gegen Erbstreitigkeiten - können wir uns etwa so
vorstellen: Zwei Ratsherren gehen zusammen mit einem
Schreiber durch das Haus, sie werden von einigen Zeugen
und der Witwe begleitet. Alle wertvollen beweglichen
Gegenstände, also nicht die Einbauten, werden protokol-
liert. Ausgenommen ist ebenfalls der persönliche Besitz
der Frau. Folgen wir doch dieser   Gruppe.

Abb. 20 Vor der Burg 5. Zeichnerische
Rekonstruktion der Ansicht für die Mitte
des 16. Jahrhunderts.

Auf dem Hof sehen wir in den Schweinestall: drei Schweine. Gerste zur Fütterung ist vorhanden, ebenso ein Schlachtetisch, Wanne und Hackeblock. Jetzt in die Werkstatt: zwei Ambosse nebst Blasebalg, reichlich Werkzeug an den Wänden und in den Schubladen. Wird alles notiert. Nächste Station sind die Küche und Stube, denn hier hängen und stehen die wertvollen Zinngeräte. Je acht zinnene Schüsseln und Näpfchen, rund zwanzig Zinnkannen, zwanzig hölzerne Schüsseln. Weitere Metallgefäße zum Kochen. Auf die Liste kommen zwei Stühle, die meisten Sitzgelegenheiten sind ja festeingebaute Bänke und werden nicht vermerkt. Weitere Möbel: zwei Speiseschränke, zwei Pulte, sechs Bettstellen. Dazu noch sieben einfache Betten.

Nun die Waffen des Hausherren, des weiteren zwei Truhen mit wertvolleren Kleidungsstücken, die einzeln beschrieben werden: zwei Röcke, ein Mantel, ein Paar Hosen, ein Hut und eine Joppe. Fertig mit dem Protokoll.

Solch ein Blick in die Vergangenheit besticht durch seine Anschaulichkeit, trotzdem bleiben wesentliche Fragen offen. Wieviele Personen umfaßte der Hausstand eigentlich? Schönebom, seine Frau, zwei Söhne sind bekannt. Wieviele Gesellen, Lehrjungen, Mägde mit im Haus lebten, bleibt offen. Zinngeschirr war für acht Personen vorhanden, hier scheint die Obergrenze der ständigen Mitbewohner zu liegen.

Schönebom erlebte übrigens dramatische Zeiten mit. Er sah die Zerstörung des Stiftes St. Cyriaci 1545 auf Befehl des Rates, er überlebte die Pest 1549/50, die eine große Zahl von Toten forderte, und war als Stadtbewohner von den beiden Belagerungen durch Herzog Heinrich den Jüngeren 1550 und 1553 betroffen.

Eines soll noch erwähnt werden. Im 15. und 16. Jahrhundert hieß diese Straße "Vor den Messerwerkern". Schönebom lebte demnach mit seinen Berufskollegen, seinen Gildegenossen, in enger Nachbarschaft.

Weg:
vorbei am Ringerbrunnen
auf dem Sack, durch die
Schuhstraße zum
Kohlmarkt

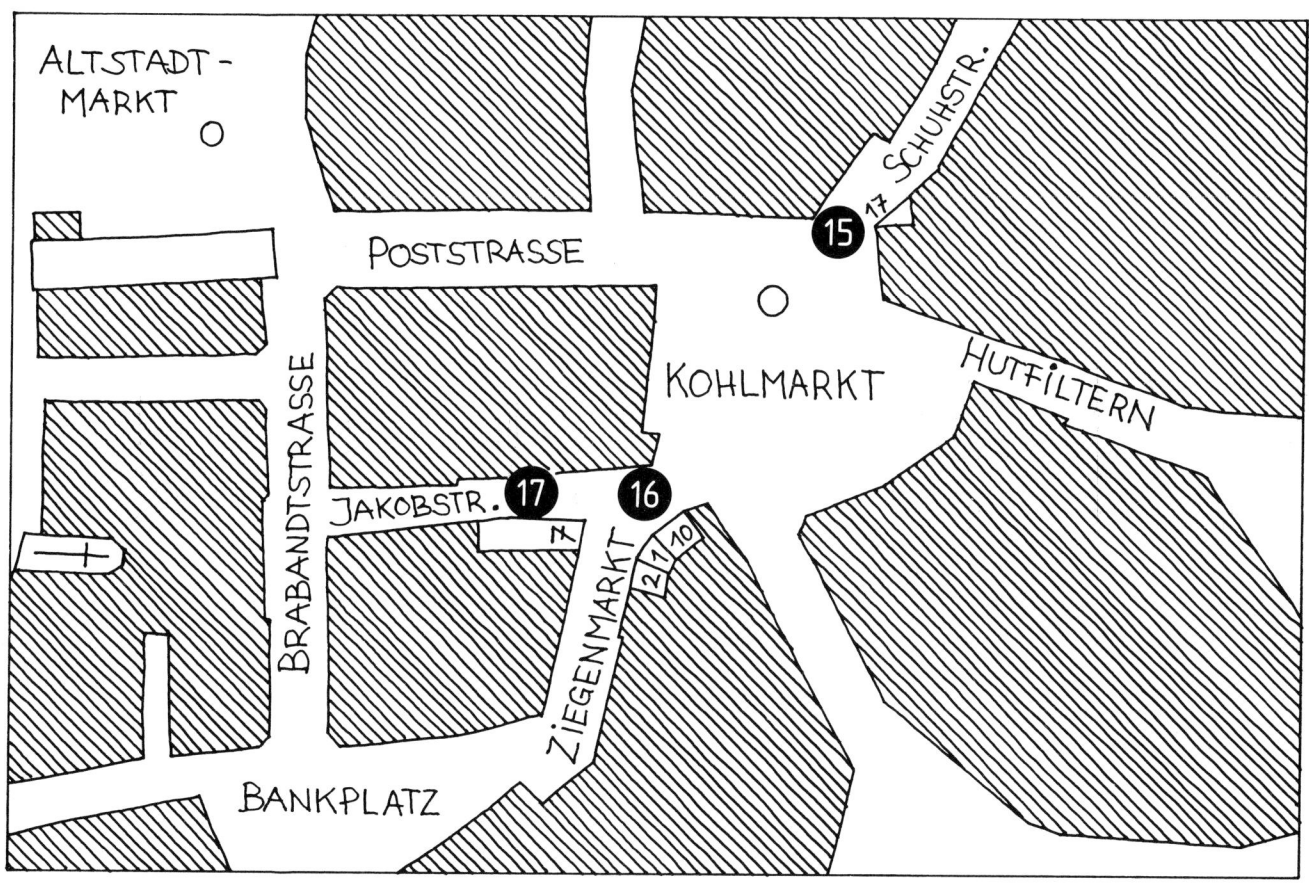

Kettenfriese

Die letzte Gruppe von Schmuckmotiven bezeichne ich als Kettenfriese. Von anderen Autoren werden auch Benennungen wie Astband, Bandwelle, Wellenband, Diamantband, Facettband usw. benutzt. Zum Teil beziehen sie sich auf das gleiche Phänomen, zum Teil auch auf Varianten in der Ausführung, wodurch sich eher Verwirrung ausgebreitet hat. All diesen Verzierungen ist das Grundmuster gemeinsam: gleichmäßig gereihte, zugespitzte Ellipsen, die wie Glieder einer Armkette wirken*. Von der generellen Benennung soll im folgenden nur das Diamantband abgehoben werden, die letzte und reichste Ausführung eines Kettenfrieses (Abb. 21, 6. Fries).

Bauten mit Kettenfriesen sind heute noch in größerer Zahl zu finden, schließlich war ihre Verwendungszeit, etwa von 1550 bis 1670, sehr lang. Von diesen Häusern, die im alten Stadtkern verteilt liegen, sollen die folgenden beiden im Umkreis des Kohlmarktes als Beispiel dienen.

Der Aufbau von Schuhstraße 17 erschließt sich am besten vom Kohlmarkt aus. Es zeigt sich aus dieser Entfernung, daß das Bauwerk an die Steinwand des Nachbarhauses "Die Rose" angelehnt ist. Der Giebel zum Markt entwickelt sich aus balkenbreitem Unterbau erst über die dreimalige Vorkragung, bleibt darüber nadelspitz, da die Höhe nicht gemindert wurde. Dies ist das Ergebnis, wenn nur eine kleine dreieckige Grundfläche zur Verfügung steht und die Zimmerleute trotzdem bei der alten Konstruktion bleiben wollen.

15. Standort: Einmündung der Schuhstraße auf den Kohlmarkt

---

*Wollte man diese Gebilde mit einem mathematischen Fachausdruck belegen, müßte man sie "verkürzte Zykloide" nennen, die an der Geraden, auf der der sie konstruierende Kreis abrollt, gespiegelt sind.

Lage und Abmessung des Grundstücks sind auf die Vorbebauung zurückzuführen. Hier hatte vorher eine kleine Bude gestanden, und so konnte man beim Neubau - der Straßenraum durfte nicht eingeengt werden - nur durch Höhenentwicklung Raum gewinnen. Die Vorkragung vergrößerte die Nutzfläche, im spitzen Winkel entstand durch die nachträglich installierte "Utlucht" ein Aussichtsplatz.

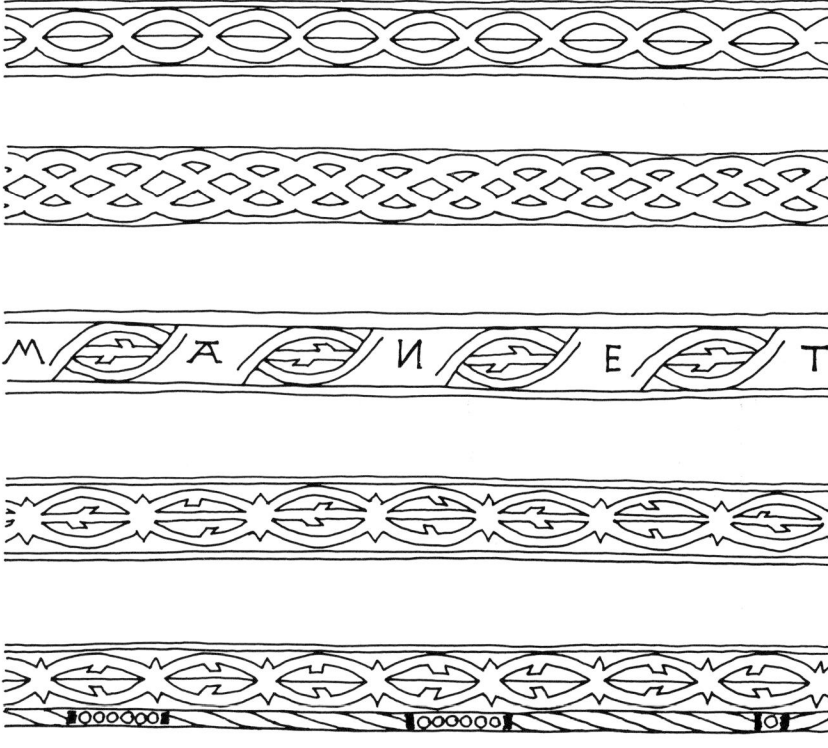

Abb. 21 Kettenfriese. Das Grundmuster wird in vielfältiger Weise variiert.
- Güldenstraße 7, um 1560
- Hinter der Magnikirche 2, ursprünglich an anderer Stelle
- Jakobstraße 1A, 1561
- Ägidienstraße 5
- Am Magnitor 1, rückwärtiges Nebengebäude, um 1600
- Ziegenmarkt 7, Nebengebäude Jakobstraße, 1623.

In die Schwellen des um 1600 entstandenen Bauwerks ist ein durchlaufender Kettenfries eingeschnitten. Die einzelnen Ellipsen sind durch "Astansätze" bereichert, ein Taumotiv mit Perlgruppen wurde unterlegt.

Eine ganz ähnliche Ausführung des Kettenfrieses ist an Ziegenmarkt 7, dem Eckgebäude zur Jakobstraße, zu entdecken. Wieder ist ein Perltauband dem Kettenstrang unterlegt, auch sind die eben gesehenen "Astansätze" vorhanden. Allerdings teilt hier ein Stab die Ellipsen. In Stab und Astansätzen wirkt das alte Laubstabmotiv versteckt fort, über die geometrische Umformung der rankenden Blätter entwickelte sich das optisch beherrschende Kettenmuster.

Die Ähnlichkeit der beiden Kettenfriese weist auf die zeitliche Nähe der Entstehung. Skepsis ist allerdings gegenüber der Jahreszahl (1623) unterhalb des Quergiebels zum Ziegenmarkt geboten - die Angabe ist nur aufgemalt.

**16. Standort:
Ecke Kohlmarkt und
Ziegenmarkt**

Fachwerkhäuser der Barockzeit

Wenn diese Exkursion Blicke auf die Lebenswelt des 16. Jahrhunderts freigeben sollte, so ist mit den zuletzt gesehenen Gebäuden die zeitliche Grenze erreicht. Wenn andererseits die Konstruktion und die Schmuckmotive des Braunschweiger Fachwerks behandelt wurden, so muß hier ein Ausblick auf die weitere Entwicklung gegeben werden, besonders auf die grundlegende Änderung der Baugewohnheiten in der Barockzeit. Sie steht in engem Zusammenhang mit der politischen Geschichte der Stadt.

Zwar hatte Braunschweig den Dreißigjährigen Krieg unzerstört überstanden, war aber - wie das ganze ausgeplünderte, verwüstete Deutschland - verarmt. Die wirtschaftliche Erholung wurde zudem durch die Pest von 1657 behindert, die Neubautätigkeit blieb gering. An den Fachwerkbauten dieser Zeit wiederholt sich das entwickelte Motivrepertoire der späten Renaissance geradezu schematisch.

Die erfolgreiche Belagerung von 1671 durch die vereinigten welfischen Herzöge bildete dann den Endpunkt des langsamen Abstiegs, zugleich ging die fast vierhundertjährige Stadtfreiheit verloren. Auch diejenigen, die für eine rasche Übergabe plädiert hatten, erlebten eine herbe Überraschung: Der gewählte Rat wurde entlassen, die Kassen und die Waffen beschlagnahmt, hohe Steuerforderungen erhoben, dazu die Belastung durch eine über dreitausendköpfige Garnison. Die neuen alten Stadtherren waren durch ihre Soldaten immer präsent.

Mit der neuen Oberschicht aus Höflingen, Offizieren und Beamten zogen neue Bauideale in die Stadt ein. Der herrschaftliche Bau war aus Stein, sein Stil der Barock. Um die "Modernisierung" der Stadt zu beschleunigen, wurden Zuschüsse ausgelobt.

Am Ziegenmarkt rücken beide Bauvorstellungen ins Blickfeld: rechts das eben betrachtete, traditionelle Wohn- und Wirtschaftsgebäude mit vorkragendem Oberstock und durch Schnitzwerk betonten Gefügeteilen; links Gebäude, an denen kein Schnitzwerk mehr zu entdecken ist, die Übergangszonen zwischen den Stockwerken sind durch aufgelegte Brettprofile betont. Auch stehen die Wandständer nicht mehr im gleichen Abstand zueinander, sondern sind zu engergestellten Paaren zusammengefaßt, wobei aber zu bedenken ist, daß die Barockzeit sie hinter Ölfarbe versteckte. Die Fensterflächen sind beträchtlich größer geworden - Glas war keine Rarität mehr. Das Bemühen um eine Symmetrie der Hausfront ist unverkennbar, wozu dann auch die mittig aufgesetzten Dacherker passen.

Das Haus Ziegenmarkt 2 von 1757 (Kartusche im Giebel) zeigt den Wandel noch besser. Ohne genau hinzusehen, meint man, ein Steingebäude vor sich zu haben. Genauere Betrachtung erbringt jedoch, daß hier fast nichts aus Stein ist: Unter der Farbschicht ist das Balkenwerk auszumachen und sämtliche Fensterrahmungen einschließlich der Brüstungsplatten und der Portalschmuck sind aus Holz gefertigt. Wer es sich nicht leisten konnte, Steinwerk aufzuführen, sorgte wenigstens für eine gute Imitation.

Das Gebäude ist übrigens nach den Originalentwürfen von G. C. Sturm rekonstruiert worden. Es würde sich auch heute noch lohnen, seiner Architektur im Stadtbild nachzuforschen, nur muß dann ein Verständnis für die so ganz andere Barockzeit entwickelt werden. Denn der Wandel erfaßte nicht nur die Fassaden der Häuser, sondern das gesamte gesellschaftliche Leben. Ein Aspekt ist die veränderte Nutzung der Bauten. Hier zum Beispiel wurde kein Gewerbe mehr ausgeübt, das Haus war ganz auf die Funktionen "Wohnen" und "Repräsentieren" zugeschnitten.

Abb. 22 Barocke Fachwerkarchitektur. Links Kohlmarkt 10, Mitte Ziegenmarkt 1, beide wohl erste Hälfte 18. Jahrhundert. Rechts Ziegenmarkt 2 von 1757.

Am Ende dieses Ausfluges soll noch einmal in die Welt des traditionellen Fachwerks zurückgekehrt werden. Das Haupthaus Ziegenmarkt 7 mit seiner fragwürdigen Datierung hatten wir bereits betrachtet. Hier am Nebengebäude sehen wir, in die Schwelle eingeschnitten, das Diamantband und zwei gesicherte Jahresangaben. Die eine ist sofort auszumachen: 1623 in lateinischen Ziffern (man hat diese Zahl offenbar einfach auf das Haupthaus bezogen). Die andere verbirgt sich in dem Satz "Da PaCeM JehoVa..." mit seinem Gewirr von Groß- und Kleinbuchstaben. Stellt man die Großbuchstaben zusammen und läßt diejenigen außer acht, die in der lateinischen Zahlenreihe nicht vorkommen, so ergibt sich MDCVVVVIII - wiederum 1623. Solche Inschriften werden als Chronogramm bezeichnet.

Der Inhalt des Satzes: "Herr, gib Frieden der Stadt Braunschweig", läßt für einen Moment die Sorgen der Menschen aufscheinen. Dieser Wunsch, festgehalten zu Beginn des Krieges, der dann dreißig Jahre dauerte, hat sich damals erfüllt. Für unsere Zeit hat er nichts an Aktualität verloren.

17. Standort: Jakobstraße, vor dem Nebengebäude zu Ziegenmarkt 7

Abb. 23 Inschrift an Ziegenmarkt 7, Nebengebäude Jakobstraße, 1623.

Weitergehende Hinweise

Mit dem Weg durch die Stadt sollte eine ansprechende Form gefunden werden, sich dem Braunschweiger Fachwerk zu nähern. Denn noch so gute Fotos, Detailabbildungen und Beschreibungen können eine direkte Begegnung mit den Bauten nicht ersetzen. Dieses Vorgehen möge auch als Ermunterung zu eigenen Erkundungen aufgefaßt werden. Als Hilfe bei der ersten - zeitlichen - Einschätzung kann dabei die Abfolge der Schmuckmotive (Abb. 9) dienen.

Trotzdem ist eine Ergänzung nötig: Bei der Festlegung eines nicht allzu langen, chronologisch orientierten Weges war es nicht möglich, alle bedeutenden Bauwerke zu berücksichtigen. Zusammen mit entsprechenden Nachträgen soll auch auf einfache Bauten hingewiesen werden, so daß ein Überblick über das Fachwerk in Braunschweig entsteht. Vollständigkeit wurde dabei nicht angestrebt. Demgegenüber schienen Hinweise auf Tendenzen seit der Barockzeit sowie auf Museen und Ausflugsmöglichkeiten angebracht.

Michaelisviertel und Umgebung

Die Alte Knochenhauerstraße besitzt ein Bauensemble von besonderer Bedeutung: Sie zeigt heute noch eine spätmittelalterliche Häuserzeile.

Alte Knochenhauerstraße 13 (Restaurant "Ritter St. Georg") ist weit über Braunschweig hinaus bekannt geworden, Photographien und Hinweise finden sich in wichtigen Veröffentlichungen. Das Baudatum dieses enorm großen Gebäudes (1489) ist in lateinischen Ziffern auf dem Schwellbalken über dem Erdgeschoß festgehalten. Daneben sind an der Schauseite zwischen einzelne Treppenmotive Handwerksdarstellungen gesetzt, zum Beispiel oberhalb des Tores ein Knochenhauer, der im Begriff ist, eine Kuh zu schlachten. An der Ecke zur Petersilienstraße eine Fratze, die das Böse abwenden sollte, "Abwehrmaske" genannt. Der hl. Christophorus darunter schützte als Nothelfer vor plötzlichem Tod.

Alte Knochenhauerstraße 13

Das Nachbargebäude, Nummer 12, läßt sich anhand des schmückenden Treppenfrieses datieren. Es muß ebenfalls um 1500 entstanden sein. Als Bereicherung aus der Barockzeit fällt das aufwendige Portal ins Auge, in dieselbe Zeit gehört das zweite Obergeschoß als Aufstockung des ursprünglich niedrigeren Gebäudes.

Alte Knochenhauerstraße 12

Alte Knochenhauerstraße 11 ist infolge Kriegseinwirkung nur noch als Restbestand erhalten. Das Gebäude hatte vordem eine Straßenfront von neunzehn Spann Länge. Die Inschriftzeile am zweiten Stockwerk ist auf Seite 31 aufgelöst.

Alte Knochenhauerstraße 11

Nur wenige Schritte entfernt sind am Prinzenweg Wohnhäuser aus der Renaissancezeit zu finden. Die zwar großen, aber schlicht gehaltenen Gebäude Nummer 5 und 6 lassen sich nicht durch ein Schwellenmotiv datieren. Details und konstruktive Merkmale weisen in die zweite Hälfte des 16. Jahrhunderts.

Prinzenweg 5, 6 und 11

Prinzenweg 11 besitzt als Schwellenschmuck Kettenstränge zwischen Quadern, die um 1550 auftauchen. Da

Güldenstraße 7

anderes schmückendes Beiwerk - wie das Tauband - fehlt, läßt sich eine frühe Datierung vertreten. Die freistehende Giebelwand zeigt den norddeutschen Zimmermannsstil: Im Raster von senkrechten und waagerechten Hölzern bilden allein Kopfbänder und Dachsparren schräge Verstrebungen.

In dieselbe Zeit gehört das größere Haus Güldenstraße 7 ("Haus zur Hanse"). Die Dachgauben allerdings sind eine gutgemeinte, aber ortsfremde Zutat des 19. Jahrhunderts. Veränderungen dieser Zeit im Fassadenbereich mindern den historischen Zeugniswert.

Abb. 24 Blick in die Alte Knochenhauerstraße mit ihren spätmittelalterlichen Fachwerkbauten.

Als direktes Zeugnis aus der Mitte des 16. Jahrhunderts kann auch Güldenstraße 8 (Torgebäude zum "Michaelishof") nicht gelten: Die Fassade wurde nach alten Photographien von polnischen Spezialisten neu geschnitten. In einem Grenzbereich zwischen Handwerk und Kunst arbeitend, versahen sie die Knaggen mit phantasievollen Darstellungen aus unserer heutigen Erlebniswelt.

Güldenstraße 8

Die Echternstraße wird an ihrer Westseite hauptsächlich von größeren Bauten der Barockzeit gesäumt, kenntlich an den zu Paaren zusammengefaßten Wandständern. Ausnahmen sind das Predigerwitwenhaus Echternstraße 14-15 aus dem Jahre 1559 und das letzte Haus der Zeile, Nummer 17, mit einem Diamantband aus der Zeit um 1600. Ebenfalls mit Diamantband versehen ist das reichverzierte Rüninger Zollhaus von 1643, das jetzt am Altstadtmarkt zu besichtigen ist.

Echternstraße

Altstadtmarkt

An dieser Stelle sei noch ein kurzer Besuch von St. Martini am Altstadtmarkt empfohlen. Im nördlichen Seitenschiff ist der Grabstein der Patrizier Jobst und Anna Kale aufgestellt, die vom Bildhauer in reicher modischer Kleidung festgehalten worden sind. Ihr 1561 neuerrichtetes Wohnhaus ist als Jakobstraße 1A erhalten. Von der Jakobstraße aus ist die Rückfront dieses mit zwanzig Spann längsten erhaltenen Fachwerkgebäudes zu besichtigen. Die Vorderseite ist heute einem Innenhof zugekehrt (Schwellenmotiv in Abb. 21, Inschrift auf Seite 31).

Jakobstraße 1A

Im Umkreis der Ägidienkirche

Das älteste Holzgebäude in diesem Bezirk ist Hinter Ägidien 4 mit Treppenfries. Links daneben ein stattliches Gebäude mit Kettenfries, Nummer 5, dessen Erbauungszeit möglicherweise durch einen bei der Sanierung entdeckten Türsturz mit der Jahreszahl 1540 angegeben wird. Die Überlieferung weist, zumindest für spätere Zeit, auf die Wohn- und Arbeitsstätte eines wohlhabenden Kupferschmiedes hin. Das gesamte Anwesen erstreckte sich von der Straße rückwärts bis zu einem Nebenarm der Oker.

Hinter Ägidien

Ägidienstraße

Als nächstes empfiehlt sich ein Gang durch die Ägidienstraße. Das Haus mit dem Erweiterungsbau über der Gasse ist in den alten Baumaßen neu errichtet worden und vermittelt einen Eindruck von den ehemals zahlreichen verwinkelten Ecken dieser Stadt. Zum gesamten Ensemble gehört auch Ägidienstraße 5, dessen Kettenfries mit Astansätzen zeitlich nur grob festzulegen ist. Neben der Tür ein Motiv, das "Eselsrücken" genannt wird.

Spohrplatz

Ein weiteres Ziel im Umkreis von St. Ägidien ist Spohrplatz 7, das in seinen ältesten Teilen um 1520 errichtet wurde, wie ein Bügelfries auf der Rückseite zeigt. Von der Mönchstraße aus ist zu erkennen, wie hier ein Teil einer älteren Mauer (Klostermauer?) einbezogen wurde.

Rund um den Ringerbrunnen

Sack

An der Ostseite des ehemaligen Straßenmarktes Sack, in Fortsetzung der Straße Vor der Burg, ist zunächst kein offenliegendes Fachwerkgerüst auszumachen. Ein Gebäude weist allerdings, trotz Putzschicht und Farbanstrich, einen beträchtlichen Überhang auf, so daß hier ein wesentlich älterer Hauskern vermutet werden kann.
Dieser Sachverhalt enthüllte sich auch beim Durchbruch der Burgpassage. Das Haus Schuhstraße 6, dessen barocke Hülle jetzt durch den Passageneingang aufgerissen ist, gab sich nämlich im Zuge der Bauarbeiten als spätgotisches Fachwerkhaus zu erkennen - das sichtbare Merkmal war ein Treppenfries auf hoher Schwelle.

Kleine Burg 15

In der Straße Kleine Burg, gut zehn Schritte entfernt, ist eine Reihe von Bauten mit Treppenfriesen zu besichtigen. Leider sehr verunstaltet wurde Kleine Burg 15 mit schöner Inschrift (siehe Abb. 13 und Seite 31). Hier sind an einem Gebäude verschiedene Varianten der Treppe zur Ausführung gekommen: auf der Dachschwelle in einfachster Stufung, wie sie vielleicht am Anfang der motivischen Entwicklung stand, dann die schon bekannte Ausführung mit mehrfacher Profilierung der Umrißlinie und schließlich über dem Erdgeschoß auch als "Doppeltreppe" auf einem Schwellenintervall.

Interessant sind ebenfalls die Gebäude Kleine Burg 11 und 12. Das erste ist inschriftlich datiert, die Jahreszahl 1490 noch mit einer altertümlichen Vier, die als halbe Acht ausgeführt wurde. Direkt daneben steht Nummer 12 auf sehr beengtem Grundstück. Um den Raummangel auszugleichen, ist hier ein Speicherstockwerk mehr aufgesetzt worden.

Kleine Burg 11, 12

Nur wenig jünger ist das Gebäude Damm 4, entstanden um 1530 (Durch die Burgpassage schnell zu erreichen). Bei genauer Beobachtung sind die Spuren des abgebeilten Zierwerkes der Fassade auszumachen, sie erinnern an Auguststraße 33 (Abb. 11), das im Zusammenhang mit dem Laubstab erwähnt wurde. Damm 4 zeigt auf der Dachschwelle schon die Abstraktion des Laubstabmotives in einer ersten Stufe, einen frühen Kettenfries mit Astansätzen, dessen Ableitung aus der rankenden Welle noch deutlich nachwirkt. Der Antrieb zur Entwicklung dieser "Vereinfachung" ergab sich aus dem weiten Abstand der Dachschwelle zum Betrachter. Von den Figurenknaggen sei nur der hl. Ulrich, gekennzeichnet durch den Fisch, hervorgehoben: Er war der Hauptpatron der 1544 abgerissenen Kohlmarktkirche.

Damm 4

Vom Ringerbrunnen nach kurzem Weg zu erreichen ist die Neue Straße mit einigen Fachwerkhäusern (Kettenfriese, Fächerfries von anderer Stelle hier in falscher Zusammensetzung montiert).

Neue Straße

Lohnend ist noch die Besichtigung von Burgplatz 2, dem Veltheimschen Haus, datiert 1573. Obwohl von adligen Bauherren im herzoglichen Burgbezirk errichtet, folgt die Holzarchitektur doch städtischen Vorbildern. Das Kettenmotiv zwischen Quadern an der Schauseite ist ebenso an den Häusern Prinzenweg 11 und Güldenstraße 7 anzutreffen. Auffällig ist der Erkervorbau, den man auch von anderen Häusern kennt, der aber nur hier erhalten ist.

Burgplatz 2

Jüngeres Fachwerk und Renovierungen

Die Wiederentdeckung des traditionellen Fachwerks begann in der zweiten Hälfte des vorigen Jahrhunderts, nachdem Barock und Klassizismus sich bemüht hatten, die alten Holzkonstruktionen hinter Brettern, Putz- und Farbschichten verschwinden zu lassen. Jetzt also wurde entbrettert und freigelegt. Dieser neuen Wertschätzung ist zum Beispiel die Erhaltung der Huneborstelschen Fassade zu verdanken.

In diese Strömung gehören auch etliche Neuschöpfungen, in der Regel als Kombination von Stein- und Holzbau entworfen. Das "Fachwerk", aus verschiedenen Zeiten und Stilen zusammengewürfelt, besitzt hier meist nur noch geringe statische Funktion.

"Fränkisches Fachwerk" mit langen geschwungenen Streben und zu Mustern gesetzten Hölzern wurde am Übergang der Burg Dankwarderode zum Dom eingesetzt. Etwas zurückhaltender wirkt das Holzwerk am Gebäude Burgplatz 3 ("Zum Burglöwen") von 1896. In der selben Tradition stehen Hutfiltern 7 und einige Bauten in der Schuhstraße.

Einfache Mehrfamilienhäuser, in wesentlichen Teilen in Fachwerktechnik unter weitgehendem Verzicht auf schmückende Gestaltung ausgeführt, finden sich in einem engeren Kreis um die Innenstadt. Sie stammen aus der Zeit raschen industriellen Wachstums in den letzten Jahrzehnten des vergangenen Jahrhunderts.

Nicht Fachwerk, aber doch eine Art von Skelettkonstruktion, in die Holzbauteile einbezogen sind, finden sich neuerdings häufiger. Der Schlüssel liegt in der Verwendung von "Leimbindern", das sind aus vielen Einzelstäben zusammengeleimte Holzträger, mit denen beträchtliche Spannweiten erreicht werden können. Vom ästhetischen Standpunkt sind auch in Braunschweig ganz ansprechende Lösungen gefunden worden, so in Gliesmarode für die Schwimmhalle oder bei der Deckenkonstruktion in der Burgpassage.

Einige Gestaltungsgedanken, wie sie der Historismus vor der Jahrhundertwende entwickelt hat, sind in den letzten Jahren wieder aufgegriffen worden. Neubauten wird zuweilen eine Scheinfassade vorgeblendet, die den Eindruck eines Fachwerkhauses erweckt, so an den Häusern Klint 2 und 3. Bei diesem Verfahren lassen sich wohl Mängel in den Details kaum vermeiden - von prinzipiellen Bedenken ganz abgesehen.

Beispiele für Restaurierungen traditioneller Fachwerk-bauten sind im Umkreis der Michaeliskirche zu besichti-gen. Im Haus Alte Knochenhauerstraße 13 wurde im Zuge der Sanierung eine Deckenbemalung aus der Zeit um 1700 freigelegt, die heute dem Gastraum eine besondere Atmosphäre verleiht. Bemerkenswert ehrlich ist die stati-sche Sicherung von Ölschlägern 13 (durch die Schaufen-ster sichtbar). Gelegentlich entdeckt der kundige Be-trachter aufgenagelte Bretter, die das Gerüst nachzeich-nen, meistens über einer Dämmschicht. Im Sinne der al-ten Zimmerleute ist diese Maßnahme sicherlich nicht.

Alte Knochenhauerstraße 13

Ölschlägern 13

Städtisches Museum und Ausflüge

Werkzeug der Zimmerleute zeigt das Städtische Museum am Löwenwall in der Abteilung "Zünfte, Handwerk und Industrie". Dort sind auch Gebrauchsgegenstände zu se-hen, die Einblick in das Leben dieser Gilde ermöglichen. Weiterhin ist dort eine Sammlung von reich verzierten Schwellen Braunschweiger Bürgerhäuser zu besichtigen: Erst nach Kenntnis dieser letztgenannten Zeugnisse er-schließt sich die Welt der figürlichen Schnitzerei, die im Stadtbild als Schwellenschmuck nur noch an Alte Knochenhauerstraße 11 und 13 aufzufinden ist - wobei allerdings die Huneborstelsche Fassade als Sonderleistung in eine andere Kategorie gehört. Demgegenüber besitzen noch einige andere Bauten figürlich ausgeführte Knaggen, wie zum Beispiel Damm 4. Im Museum werden Ver-gleichsstücke zu diesen Figurenknaggen präsentiert.

Zuletzt sei noch ein Besuch in Hornburg und in Goslar empfohlen. Die chronologische Gliederung der Schmuck-motive für Braunschweig (Abb. 9) ermöglicht auch dort eine erste Orientierung über den Baubestand, obwohl es im einzelnen natürlich Abweichungen gibt.

Anhang

Literaturempfehlungen

Deutsches Fachwerk

SAGE, Walter: Deutsche Fachwerkbauten. 3. Auflage. Königstein im Taunus 1981 (Die Blauen Bücher).

BINDING, Günther, Udo MAINZER und Anita WIEDENAU: Kleine Kunstgeschichte des deutschen Fachwerkbaus. 2., erw. u. veränd. Auflage. Darmstadt 1977.

Braunschweiger Fachwerk, Allgemeines

MEIER, P. J., und K. STEINACKER: Die Bau- und Kunstdenkmäler der Stadt Braunschweig. 2., erw. Auflage. Braunschweig 1926. Nachdruck, einschließlich Nachträge der Ausgabe 1942, Osnabrück 1978 (Kunstdenkmälerinventare Niedersachsens, Bd. 9).

FRICKE, Rudolf: Das Bürgerhaus in Braunschweig. Tübingen 1975 (Das deutsche Bürgerhaus, Bd. 20).

Einzelne Bauten

SPIES, Gerd: Das Gildehaus in Braunschweig. Der Fachwerkbau des Patriziers F. Huneborstel. Braunschweig 1983.

Stadtgeschichte

SPIESS, Werner: Geschichte der Stadt Braunschweig im Nachmittelalter. Halbbd. 1-2. Braunschweig 1966.

MODERHACK, Richard: Braunschweigs Stadtgeschichte. Braunschweig 1985 (Braunschweig, Das Bild der Stadt in 900 Jahren, Geschichte und Ansichten, Hg. G. Spies, Bd. 1).

Kulturgeschichte, Braunschweiger Verhältnisse

HASSEBRAUK, G.: Volksleben in Braunschweig vor dem Dreißigjährigen Kriege. In: Braunschw. Magazin, 9. Jg., 1903, S. 73-83, 85-91, 100-106, 109-115.

FUHSE, Franz: Hygiene und Heilkunst in der Stadt Braunschweig während des 16.
Jahrhunderts. In: Niederdeutsche Zeitschrift f. Volkskunde, 4. Jg., 1926, H.1, S. 23-44.

Sammelbände

AUSSTELLUNGSKATALOG: Landesausstellung Niedersachsen 1985. STADT IM
WANDEL. Kunst und Kultur des Bürgertums in Norddeutschland 1150-1650.
Hg. C. Meckseper. Bd. 1-4. Stuttgart - Bad Cannstadt 1985.

Anmerkungen und Einzelnachweise

Titel werden nur beim ersten Auftreten vollständig zitiert, dann nur noch mit Autoren-
name und Titelschlagwort. Die oben angegebene Literatur ist in dieses Verfahren einbezogen. Aus den beiden Standardwerken (MEIER/STEINACKER, Kunstdenkmäler,
FRICKE, Bürgerhaus) leicht zu entnehmende Informationen, insbes. zur Datierung, sind
nicht in jedem Fall nachgewiesen.

Einführung

Die ehemalige Anzahl an Fachwerkbauten, sie schließt die Hofgebäude mit ein, wird
genannt in FRICKE, Brügerhaus, S. 9. Den Gesamtbestand verzeichnet R. FRICKE,
Der Bestand der Stadt Braunschweig an alten Fachwerkhäusern, in: Braunschw.
Heimat, 41. Jg., 1955, H.2, S. 46-50, H.3, S. 83. Dort ist die Zahl der gut oder weitgehend erhaltenen Bauten mit mittelalterlichem Gefüge (vor 1500) mit 23 angegeben.
Kuhstr. 35 und Ackerhof 2 sind zu streichen, weitere 7 nach 1955 abgerissen. Die Auf-
zählung enthält insgesamt 73 Gebäude oder Gebäudegruppen mit Merkmalen des traditionellen Braunschweiger Fachwerks, wobei schon eine Auswahl nach dem Erhal-
tungszustand getroffen wurde. Für die heutige Schätzung ist eine Reihe von Abrissen
zu beachten, andererseits sind schlecht erhaltene Bauten restauriert worden, und anderes, verdecktes Fachwerk wurde freigelegt. Jüngstes Beispiel ist Ritterstraße 20, dessen 2. Obergeschoß nach Freilegung Renaissancemotive zeigt. Ganz generell bleibt
eine Statistik problematisch.

Die Ansicht der Stadt in der Mitte des 16. Jahrhunderts

Zum Holzschnitt J. MERTENS, Die neuere Geschichte der Stadt Braunschweig in Karten, Plänen und Ansichten..., Hg. Stadt Braunschweig - Vermessungsamt, Braunschweig
1981, S. 57-60 und Bl.5. Zur politischen Geschichte: MODERHACK, Stadtgeschichte,
S. 43-45, mit weiterer Literatur. Nutzung des Vorlandes: U. WILLERDING, Paläoethno-
botanische Befunde über Ernährung und Umwelt im Mittelalter Braunschweigs, in: H.
RÖTTING, Stadtarchäologie in Braunschweig..., Hameln 1985 (Forschungen der
Denkmalpflege in Niedersachsen 3), S. 201-214.

Die Fachwerkkonstruktion

Die Fachausdrücke im allgemeinen nach BINDING, Kunstgeschichte, S. 216-227 (Bearb. A. WIEDENAU). Datierung des Stallspeichers auf 1474 in M.-H. RICQUIER unter Mitarbeit von R. Fricke..., Rundgang durch das Magniviertel, in: Festschrift zum 950jährigen Jubiläum der St. Magni-Kirche in Braunschweig, Hg. Kirchenvorstand, Braunschweig 1981, S. 34-47, hier S. 40. Weitere Hinweise verdanke ich Herrn Dipl.-Ing. B. Brüggemann, Braunschweig, der mit der geplanten Sanierung befaßt ist und mir freundlicherweise das dendrochronologische Gutachten aus dem Jahre 1984 (Dr. H.-H. Leuschner, Göttingen) zugänglich machte. Herrn Dr. Leuschner danke ich für zusätzliche Erläuterungen. Verwendungszeit der Ankerbalkenkonstruktion "vor 1490" in FRICKE, Bestand, S. 46-47. Widersprüchlich dazu FRICKE, Bürgerhaus, S. 80 "noch bis gegen die Mitte des 16. Jhs." Eine Durchsicht zeigt aber Ausnahmefälle, so daß diese ältere Konstruktion ein fast sicheres Kennzeichen für die Errichtung vor 1500 darstellt. Zur statischen Begründung des Überhangs BINDING, Kunstgeschichte, S. 29-30. Zudem wird unter "Haus" im 15. und noch im 16. Jh. eine Halle verstanden, die den Wohn-, Arbeits- und Küchenbereich aufnimmt. Diesen Einraum wünschte man nicht mit Stützen für Unterzüge zu verstellen, so daß sich ein Bestreben nach möglichst großen Spannweiten ergab. Eine grundsätzliche Änderung trat erst mit zunehmender Raumdifferenzierung ein - tatsächlich nimmt der Überhang im 16. und 17. Jh. ständig ab.

Grundstück, Haus und Nebengebäude

Nutzungsangaben für Am Magnitor 1 aus FRICKE, Bürgerhaus und RICQUIER, Rundgang. Letzter Stand der Datierungen nach dem oben erwähnten Gutachten. Archivalisch erfaße Nebengebäude bei FRICKE, Bürgerhaus, S. 112 -116 und H. THOMSEN, Der volkstümliche Wohnbau der Stadt Braunschweig im Mittelalter, Phil. Diss. Hamburg 1937 (zugleich Borna/Leipzig), S. 56-86. Ebenda auch zum halbländlichen Charakter der Stadt, bes. S. 53-55. Dazu auch FUHSE, Hygiene, S. 23-44 und HASSEBRAUK, Volksleben, S. 78. Der Letzgenannte berichtet auf S. 87 von einer Schweinezählung im Jahre 1550; die stolze Bilanz: 3350 Stück. Das Strafgeld ist genannt im Stadtrecht: URKUNDENBUCH DER STADT BRAUNSCHWEIG, Hg. L. Hänselmann und H. Mack, Bd. 1-4, Braunschweig, Bd. 1, 1873, S. 106, Art. 59 und Bd. 4, 1912, S. 575, Art. 48. Ausgrabungen auf kleineren Grundstücken zeigten häufig einen bedenklich geringen Abstand von Kloaken und Brunnen. Zur Abfallbeseitigung FUHSE, Hygiene, S. 25-26, der ein ziemlich düsteres Bild zeichnet, vor allem die Verschmutzung der Okerarme betont. So schlimm kann es aber nicht ausgesehen haben, denn nach HASSEBRAUK, Volksleben, S. 89, warf die Fischerei hohe Erträge ab, auch zogen Lachse - sie brauchen bekanntlich sehr sauberes Wasser - häufig bis nach Ölper. Das wundert schon, vor allem, wenn der heutige Zustand der Oker bekannt ist. Die Extremposition gegenüber der verbreiteten Ansicht von den katastrophalen Verhältnissen bietet L. MUMFORD, Die Stadt, Geschichte und Ausblick (Aus dem Amerikanischen), Bd. 1-2, 2. Auflage, München 1980, bes. Bd. 1, S. 336-341.

Zur Parzellenrückschreibung F. TIMME, Braunschweigs innerstädtisches Wachstum im 14. und 15. Jahrhundert, in: Braunschw. Jahrbuch, 3. Folge, Bd. 2, 1940-41, S. 32-62. Zur Parzellenkontinuität auch K. KABLITZ im AUSSTELLUNGSKATALOG STADT IM WANDEL, Bd. 1, Nr. 156, S. 218, für den Meinhardshof in Braunschweig: "Für die zweite Hälfte des 16. Jahrhunderts darf eine Grundstücksverteilung angenommen werden, die der des 18. Jahrhunderts im wesentlichen gleicht." Im einzelnen wäre die Situation Am Magnitor / Ölschlägern natürlich an Archivalien zu überprüfen. Wie schwierig, aber auch wie lohnend es sein kann, einen Straßenzug des 16. Jhs. mit seinen sozialen Verhältnissen und der materiellen Kultur zu rekonstruieren zeigt der genannte Katalog, Bd. 1, S. 218-223 (Bearb.: K. KABLITZ; M THUMM; H. RÖTTING).

Schmuckmotive

Der denkende Geist versucht der Fülle der Erscheinungen ordnend Herr zu werden und die großen Linien zu erkennen. Die Menschen selbst, hier die Zimmerleute und Schnitzer, waren und sind aber voller Einfälle und Phantasie. Das ist die erste - unauflösbare - Schwierigkeit bei einer überblicksartigen Systematik. Die zweite - weitgehend auflösbare - besteht im terminologischen Dickicht der Hausforschung.

Eine brauchbare Systematik bieten MEIER/STEINACKER, Kunstdenkmäler, S. 79-93, mit der Gliederung nach Gruppen mit Leitmotiven. Dieser wird hier in den Grundzügen gefolgt.

Für die Erstellung einer leicht verständlichen Übersicht, wie sie in Abb. 9 gegeben wird, war es notwendig, eine Reduktion auf das Schwellenmotiv vorzunehmen. Dabei wird eine Vereinfachung in Kauf genommen, die aber nur bei den Tendenzen der Übernahme von Steinbauelementen in den Holzbau - nach MEIER/STEINACKER Gruppe Va - zu bedeutenderen Abweichungen von der wissenschaftlichen Systematik führt. Auch weil diese Tendenzen in Braunschweig lange nicht so deutlich ausgeprägt auftreten wie z.B. in Hildesheim, sich außerdem die Gruppen Va, Vb und VI eng zusammenschließen, schien eine pauschale Identifikation über das Kettenmotiv vertretbar. Zudem bleibt die Möglichkeit bestehen, Untergruppen zu bilden, die dann auch helfen, Unsicherheiten in der Nomenklatur zu vermindern (vgl. bes. Anmerkungen zum Kapitel Kettenfriese).

Gerade bei meinen öffentlichen Führungen war ich immer wieder gehalten, mich einfach und eindeutig auszudrücken. Auch für die in diesem Kurzführer gebrauchten Bezeichnungen habe ich mich in Zweifelsfällen um eindeutige Definitionen bemüht, sie finden sich in den Anmerkungen zu den jeweils auf die Schmuckmotive bezogenen Kapiteln. Bei terminologischen Schwierigkeiten wurde häufig BINDING, Kunstgeschichte, herangezogen.

Treppenfries und Laubstab

Zur Einheit Spann: FRICKE, Bürgerhaus, S. 74, 77-78. Zustände vor der Umsetzung des Gebäudes Hinter der Magnikirche 1: RICQUIER, Rundgang, S. 44-47. Zum Laubstab und seinen Folgeformen siehe Anmerkungen zum Kapitel Kettenfriese.

Hausgrößen

J. BOHMBACH, Die Sozialstruktur Braunschweigs um 1400, Braunschweig 1973 (Braunschweiger Werkstücke, Bd. 49), S. 121, schätzt für die Zeit um 1400 1042 Buden, womit die Kleinhäuser gemeint sind, gegenüber 485 Häusern. In Anm. 275 gibt er einen Hinweis auf einen zweiten Weg der Berechnung nach Fahlbusch, nach dem sich die Zahl der häuserähnlichen Gebäude von 1753 in die Zeit um 1400 zurückprojizieren lassen soll. Das Ergebnis ist ähnlich dem erstgenannten. Zu den Buden allgemein: TIMME, Innerstädtisches Wachstum, bes. S. 34, 39-40. Wichtige Hinweise zu diesem Thema und zu Fragen der Sozialstruktur verdanke ich Herrn K. Kablitz, Braunschweig.

Meines Wissens gibt es keine Untersuchung über die Sozialstruktur Braunschweigs im 16. Jh. So muß auch hier auf die Ergebnisse Bohmbachs zurückgegriffen werden, die mit Vorsicht in das 16. Jahrhundert verlängert werden. Nach S. 110, Tabelle 2, ergibt sich für Altstadt, Neustadt und Sack, damit repräsentativ für die Gesamtstadt: Oberschicht gut 5 %, Mittelschicht 40 bis über 45 %, wobei hier die untere Mittelschicht mit etwa 10 % enthalten ist (vgl. S. 111, Tabelle), für die Unterschicht rund 50 %. Die letztgenannte Gruppe wird noch nicht einmal zur Vermögenssteuer herangezogen, ihr Besitz ist zu klein. 15 % dieser Gruppe werden von Bohmbach als "Mittellose" bezeichnet. Es ist sehr unwahrscheinlich, daß der Anteil der zur Unterschicht zu rechnenden Bevölkerung bis ins 16. Jh. hinein absank, eher ist das Gegenteil zu erwarten, der "Aufruhr der Armut" deutet in diese Richtung. Zu diesem Aufstand MODERHACK, Stadtgeschichte, S. 37-38, mit weiterer Literatur. Notiz zu Kellerwohnungen: HASSEBRAUK, Volksleben, S. 78.

Inschriften

Literatur: D. MACK, Mittelalterliche Inschriften der Stadt Braunschweig als historische Quelle, in: Abh. der Braunschw. Wiss. Gesell., Bd. 4, 1952, S. 196-227 und R. FRICKE, Haussprüche und Inschriften Alt-Braunschweigs, in: Braunschw. Heimat, 57. Jg., 1971, S. 40-48. Anteil der Lesekundigen nach R. ENGELSING, Analphabetentum und Lektüre, Stuttgart 1973, S. 32. Namensnennungen im 15. und 16. Jh.: MACK, Inschriften, S. 199. Nennung beider Ehepartner ebd., S. 199, 205. Zu den Varianten in den Namensformen: D. MACK, Bildzyklen in der Brüdernkirche zu Braunschweig (1596-1638), Braunschweig 1983 (Stadtarchiv und Stadtbibliothek, Kleine Schriften 10), S. 28 und Anm. 88. Er stellt logisch unerklärbare Varianten im 16. und 17. Jh. fest und vermutet Schreibung nach Gehör.

Die Wiedergabe auf Seite 31 folgt den Originalen. Teilweise schlecht zu lesen ist Am Magnitor 4, z. T. schlecht zugänglich Jakobstraße 1A, hier die Schreibung nach MEIER/STEINACKER, Kunstdenkmäler. Für die Auflösung konnten aus der oben angegebenen Literatur Hinweise entnommen werden. Ergänzend R. FRICKE, Die ältesten plattdeutschen Inschriften an Bauwerken der Stadt Braunschweig und ihre richtige Lesung, in: Braunschw. Heimat, 38. Jg., 1952, H.1, S. 11-14.

Der Bügelfries

Was nun genau unter "Bügelfries" oder "Trapezfries" zu verstehen ist, bleibt in der wichtigsten Veröffentlichung für Braunschweig unklar, vgl. FRICKE, Bürgerhaus, S. 93, Abb. 148 und Tafel 102 a, b. MEIER/STEINACKER, Kunstdenkmäler, verwenden den Begriff Bügelfries gar nicht, vgl. S. 85. Deutlich ist BINDING, Kunstgeschichte, S. 178, 180 (Bearb. U. MAINZER), nach dem das Trapez ein auf seiner Breitseite ruhendes Motiv an der Stelle der Treppe ist, dessen wenig vertiefte Oberfläche eine waagerechte Profilierung bedeckt. Beim Bügel handelt es sich, wieder nach U. Mainzer, ebenda, um eine Modifizierung des Trapezes, der durch Profillinien die Schwellenintervalle klammerartig verbindet.

Im Text wurde auf die Nennung von Trapezfries und Rechteckfries (er zeigt nur andere Umrißlinien) verzichtet, da diese m. W. nicht in situ erhalten sind. Häufig war eine Zwischenform von Bügel und Trapez, heute z.B. an Damm 4, Rückseite: ein hoher Bügel, winklig abgeknickt, in der unterhalb verbliebenen Fläche ein Streifen mit waagerechter Profilierung. Wegen der beherrschenden Wirkung der oberen auf- und wiederabsteigenden Profillinie nenne ich dies ebenfalls einen Bügelfries. Die etwas sophistisch erscheinende Differenzierung scheint mir nötig, um bisherige Begriffsunsicherheiten zu überwinden und um einen Vergleich mit den Goslarer Motiven und ihren Benennungen zu ermöglichen. Vgl. H.-G. GRIEP, Das Bürgerhaus in Goslar, Tübingen 1959 (Das deutsche Bürgerhaus, Bd. 1), S. 58-60.

Friedrich Huneborstel und die Nutzung seines Hauses

Die Sachinformationen zum Neuaufbau und zur Biographie Huneborstels sind entnommen SPIES, Gildehaus, S. 9-19. Zu den Wappen ebd. S. 28. Die ursprüngliche Hausaufteilung ist schwer auszumachen, da schon der Zustand vor der Abtragung schlecht dokumentiert ist. Nach SPIES, Gildehaus, S. 46-47 und Anm. 14 sind die Originalzeichnungen verlorengegangen, die Veröffentlichung bei T. Taeschner mußte durch F.-J. Christiani überarbeitet werden. Zwei Grundrisse und zwei Standrisse reichen aber kaum aus, um die Situation nach der Erbauung zu klären, da auch keine Untersuchung über mögliche Umbauphasen im Inneren vorliegt. Dementsprechend vorsichtig auch SPIES, Gildehaus, S. 15-16, dessen Angaben hier verkürzt übernommen wurden. Der ursprüngliche Zustand kann aber auch ganz anders ausgesehen haben, wenn z.B. die Küche mit Dälenhöhe gedacht wird oder wenn die Treppenführung nicht als über 350 Jahre konstant vorausgesetzt wird.

Allgemein ist es schwierig, etwas über den Entwicklungsstand bei mittleren Bürgerhäusern um 1525 auszusagen, für Braunschweig fehlen gezielte Untersuchungen. MEIER/STEINACKER, Kunstdenkmäler, bes. S. 84, 86, vermuten eine ältere Entwicklungsstufe, denn die größeren Bauten ihrer Gruppe I (Treppenfries) besitzen häufig kein Zwischengeschoß (im folgenden: ZG). Allerdings beschränken sie ihre weiteren Feststellungen auf das Vorhandensein eines ZG, was aber nicht besagt, daß es auch ursprünglich so vorhanden war. Bleibt die Tatsache, daß ab Gruppe II, III (Trapez, Laubstab und Maßwerk) bei größeren Bauten ein ausgeprägtes 1 1/2-geschossiges EG vorhanden ist. Bei FRICKE, Bürgerhaus, S. 111-117, verschwimmen die genannten Entwicklungen vollkommen in der Zeit. Für Braunschweig gibt es auch leider keinen Versuch um ein idealtypisches Schema der Innenteilung für eine bestimmte Epoche, wie bei GRIEP, Bürgerhaus in Goslar, Abb. 12, ergänzend Abb. 7-10. Vergleichbare Bauten zum Hunborstelschen Haus in Braunschweig mit einigem Dokumentationsmaterial in FRICKE, Bürgerhaus: Ölschlägern 40, 1530; Stobenstraße 17, 1530; Lange Straße 9, 1536; Neue Knochenhauerstr. 11, um 1543.

Um die Frage nach der tatsächlichen Nutzung der Häuser zu klären - sie führt endlich zu einer umfassenderen Betrachtung - bieten sich insbesondere die Nachlaßinventare und Testamente im Stadtarchiv an. Dazu ein erster Ansatz: R.-E. MOHRMANN, Städtische Wohnkultur in Nordwestdeutschland vom 17. bis zum 19. Jahrhundert, in: Beiträge zur Volkskultur in Nordwestdeutschland, Heft 40, Münster 1985, S. 89-155.

Eine weitere, auf das Land Braunschweig bezogene Publikation ist von Frau Mohrmann angekündigt. Allgemein erhellend zum Thema Hausnutzung die Bemerkungen von MUMFORD, Die Stadt, Bd. 1, S. 328-335.

Das Schnitzwerk am Huneborstelschen Haus

Alle Angaben nach SPIES, Gildehaus, S. 9-10, 25-36 und zugehörigen Abbildungen. Zum Schuldner, Knaggenreihe am 1. Speicherstock, geringfügig abweichend.

Der Fächerfries

Zum Motiv, seiner Herkunft und Entwicklung vgl. BINDING, Kunstgeschichte, S. 188-190 (Bearb. U. MAINZER) und FRICKE, Bürgerhaus, S. 102-103. Aussagen zum Haus Vor der Burg 5: R. FRICKE, By dem Water vor der Borch und Franz Schöneboms Haus, in: Braunschw. Kalender 1975, S. 32-34.

Der Besitzstand des Franz Schönebom

FRICKE, By dem Water, lieferte die verwendeten Informationen, für die Darstellung habe ich mir etwas literarische Freiheit genommen. Zur Pest: HASSEBRAUK, Volksleben, S. 100. Benennungen der Straße: H. MEIER, Die Straßennamen der Stadt Braunschweig, Wolfenbüttel 1904 (Quellen und Forschungen zur Braunschw. Geschichte, Bd. 1), Seite 34.

Kettenfriese

U. MAINZER in BINDING, Kunstgeschichte, S. 197, operiert mit den Begriffen Band-welle und Facettband. Die gemeinten Motivgruppen habe ich mit dem Oberbegriff Kettenfriese belegt. Darunter verstehe ich eine gleichmäßige Reihung von zugespitzten Ellipsen als Grundmuster (vgl. Anm. auf Seite 48), egal ob diese allein oder bereichert auftreten. Eine Auswahl der bisher vorkommenden Bezeichnungen für das gleiche Phänomen oder geringfügige Abwandlungen, die den Blick auf die Unsicherheit in der Nomenklatur freigeben: Astband, -welle, Bandwelle, Wellenband, -stab, Kettenstränge, -band, -fries, Diamantband, Diamantenfries, Facettband u. a. Für die Kennzeichnung von verschiedenen Ausformungen scheinen mir im allgemeinen klärende Zusätze, wie "von Quadern unterbrochen" "mit Astansätzen" ausreichend, die zugleich eine relativ präzise Beschreibung liefern. Wenn es um die Bildung von Untergruppen geht, ist Vor-sicht geboten. Sie muß eher auf die Plastik der Verkröpfung abheben, als auf das Friesmotiv, denn durchlaufende Ketten sind auch an Bauten anzutreffen, die dem Kreis der "hölzernen Steinarchitektur" nahestehen (vgl. auch Anmerkungen zum Kapitel Schmuckmotive und ihre Verwendungszeit). Durch einen eigenen Begriff soll nur das Diamantband gekennzeichnet werden, eine in Braunschweig bekannte Bezeichnung, die der Benennung Facettband entspricht. Das abgrenzende Kriterium zu anderen Ausfüh-rungen der Kettenfriese wird im Verschwinden des Stabes gesehen, an dessen Stelle ein Grat die Ellipsen in zwei abgeschrägte Flächen teilt, "so daß der Eindruck einer Rei-hung von großen, gefaßten und geschliffenen Steinen entsteht" (MEIER/STEINACKER, Kunstdenkmäler, S. 91-92). Eine Untersuchung einzelner Ausführungen zeigt aber danach schwer einzuordnende Formen. Wichtig scheint mir, daß sich die genannte Gruppe völlig von dem Nachwirken des Laubstabes (Stab und Astansätze) gelöst hat, daß ein Rhombus zwischen die Ellipsen eingefügt wurde und daß ein Perltau die Schwelle ein- oder beidseitig säumt. In diesem Sinne wird die Bezeichnung Diamant-band von mir verwendet.

Um nicht mit den definitorischen Bemühungen vor einem weiteren kritischen Punkt haltzumachen, hier ein Nachtrag zum Laubstab. Tatsächlich sind die Übergänge zu den Kettenfriesen fließend, wenn auch nicht in einer streng evolutionären Entwicklung vom rankenden Laub zur abstrahierten Kette. In Vorboten tritt das Kettenmotiv schon sehr früh auf, wie das Beispiel der zerstörten Alten Waage von 1534 zeigt: auf der unter-sten Saumschwelle befand sich eine Inschriftzeile mit Ranken und Fabelwesen, auf der zweiten Schwelle der Laubstab und auf der obersten Schwelle ein Kettenfries mit wenigen Astansätzen. Der Schnitzer nahm hier Rücksicht auf die weite Entfernung zum Betrachter (MAINZER in BINDING, Kunstgeschichte, S. 182). Ganz ähnlich verhält es sich an Damm 4, entstanden um 1530. Seit etwa 1550 sind alle wesentlichen Aus-prägungen des Kettenmotives, mit Ausnahme des Diamantbandes, in Gebrauch. Die Be-zeichnung Laubstab (ähnlich Laubwelle für die Figuration auf der Dachschwelle des Huneborstelschen Hauses) scheint mir so lange angebracht, wie vegetabile Zeichnung das Erscheinungsbild prägt.

Zur Vorbebauung von Schuhstraße 17: FRICKE, Bürgerhaus, S. 159 unter Kohlmarkt 1.

Fachwerkhäuser der Barockzeit

Zur wirtschaftlichen und politischen Entwicklung seit Ende des 16. Jhs.: SPIESS, Nach-mittelalter und MODERHACK, Stadtgeschichte. Zum 30jährigen Krieg, wirtschaftliche Auswirkungen, vgl. F.-W. HENNING, Das vorindustrielle Deutschland 800-1800, 4., überarb. Auflage, Paderborn... 1985 (Ders., Wirtschafts- und Sozialgeschichte, Bd. 1), S. 233-239. Hinweis zur Neubautätigkeit: MACK, Inschriften, S. 200-202. Gesellschaft-liche Verhältnisse der Barockzeit in MODERHACK, Stadtgeschichte, bes. S. 65: "...war in den Jahrzehnten um 1700 im Begriff, aus einer traditionsreichen Bürgerstadt zu einer jungen Fürstenstadt zu werden, wo der Hof und die Beamten sowie die Offiziere den Ton angaben." Weitere Literatur dort im Anhang.

Zum barocken Bauideal und seiner Braunschweiger Ausformung: FRICKE, Bürgerhaus, S. 89 und öfter; W. LUCKHAUS, Das Bürgerhaus des Barock in der Stadt Braun-schweig, Diss. Ing. Hannover o.J. (insgesamt unzulänglich); F. v. OSTERHAUSEN, Georg Christoph Sturm, Leben und Werk des Braunschweiger Hofbaumeisters, München Berlin 1978 (Kunstwiss. Studien, Bd. 50). Zu den Bauverordnungen: LUCKHAUS, Barock, S. 7 und v. OSTERHAUSEN, G. C. Sturm, S. 11-12. V. Osterhausen auch sehr instruktiv zur Fassadendekoration, bes. S. 42-43. Die Angaben zu Ziegenmarkt 2 ebd., S. 135-136. Zu den Häusern Kohlmarkt 10 und Ziegenmarkt 1 ließ sich aus der ein-schlägigen Literatur keine Datierung ermitteln bis auf: UNTERSUCHUNG ZUR BAU-GESCHICHTE DES KOHLMARKTES, Hg. Stadt Braunschweig - Bauverwaltung, Bearb. Arbeitsgruppe Altstadt, Braunschweig 1980, S. 36 zu Kohlmarkt 10 "um 1760". Leider wird diese Datierung nicht erläutert.

Weitergehende Hinweise

Auffindung des datierten Türsturzes und spätere Nutzung des Gebäudes Hinter Ägidien Nr. 5 nach freundlicher Mitteilung von Herrn F.-S. Griebsch, Braunschweig-Wenden.

Abbildungsnachweis

Für alle nicht genannten Abbildungen dienten Zeichnungen beziehungsweise Photographien des Verfassers als Vorlage.

Abb. 1 Nachzeichnung von Arnold Lange als Beilage zu Rudolf Fricke, Das Bürgerhaus in Braunschweig, Tübingen 1975 (Das deutsche Bürgerhaus, Bd. 20, Hg. G. Binding).

Abb. 2 Wie Abb. 1, Ausschnitt.

Abb. 3 Entwurf: Andreas Schuster, Braunschweig.

Abb. 4 Fricke, Bürgerhaus (wie oben), Abb. 114. Die Modifikation wurde fortgelassen.

Abb. 5 Fricke, Bürgerhaus (wie oben), Abb. 115, Gebäude Kleine Burg 15, Zustand bis 1970. Neue Zeichnung, ergänzt um die Lastverteilung.

Abb. 6 Hermann Phleps, Alemannische Holzbaukunst, Hg. und Bearb. E. Mix, Wiesbaden 1967, Abb. 7. Die erklärenden Zusätze wurden fortgelassen.

Abb. 7 Grundrißaufnahme: Büro Brüggemann, Braunschweig. Stark vereinfachende Umzeichnung.

Abb. 8 Jürgen Mertens, Die neuere Geschichte der Stadt Braunschweig in Karten, Plänen und Ansichten..., Hg. Stadt Braunschweig - Vermessungsamt, Braunschweig 1981, Blatt 35/3 als Vorlage für die Umzeichnung der Distriktkarte von 1764/66. Stadtkarte M. 1:500, Hg. Stadt Braunschweig - Vermessungsamt, als Grundlage für die moderne Übersicht.

Abb. 9 Zeichnung Andreas Schuster, Braunschweig.

Abb. 11 Fricke, Bürgerhaus (wie oben), Abb. 151, 160 und Tafel 104a als Vorlagen für eine vereinfachende Zeichnung.

Abb. 14 Photographie: Otto Hoppe, Braunschweig. Städtisches Museum Braunschweig.

Abb. 17 Wie Abb. 14.

Abb. 18 Wie Abb. 14.

Abb. 19 Wie Abb. 9.

Abb. 20 Rudolf Fricke, By dem Water vor der Borch und Franz Schöneboms Haus, in: Braunschw. Kalender 1975, Seite 34. Mit Veränderungen neu gezeichnet.